Eugène Fayolle
(dit Fayolle-Lefort)

LE JUIF
CET INCONNU

DU MÊME AUTEUR

X. X. X. EST-CE QUE JE DEVIENS ANTISÉMITE ?
aux Éditions de France

MON INDIVIDUALISME,

TABLEAU DE LA FRANCE CONTEMPORAINE,
aux Éditions Liber.

SHYLOCK N'A PAS UNE BONNE PRESSE.
(Le Juif dans les affaires.)

LES ÉDITIONS DE FRANCE
20, AVENUE RAPP, Paris VIIe

Copyright 1941, by LES ÉDITIONS DE FRANCE.

6676-2-41. — CORBEIL. IMP. CRÉTÉ.

Droits de traduction, de reproduction et d'adaptation réservés pour tous pays.

ÉDITION ORIGINALE NON CENSURÉE

Exegi monumentum ære perennius
Un Serviteur Inutile, parmi les autres

Scan, ORC, Correction
Mise en page
18 janvier 2020
BAGLIS
Pour la Librairie Excommuniée Numérique des CUrieux de Lire les USuels

LETTRE À UN JUIF

EN GUISE DE PRÉFACE

Une excellente amitié nous a unis depuis l'enfance. Votre Front Populaire l'a brisée.

Vous ne me pardonnez pas d'avoir constaté le mal que les Français d'origine juive, dont vous êtes, ont fait aux Français de France, dont je suis, et, sans vous en être expliqué avec moi, vous vous êtes retiré sous votre tente, en vous enveloppant d'un silence, d'un orgueil, d'un dédain, d'un ressentiment spécifiquement judaïques. Il est tellement plus commode de mépriser que de réfuter.

J'en suis donc réduit à imaginer la pensée qui vous ulcère. Vous tenez pour vérité préjudicielle, qui rend tout débat superflu, que reprocher à un juif sa qualité de Juif, qualité qu'il a reçue sans l'avoir sollicitée, c'est la plus tâche des injustices. Ainsi raisonnent tous les vôtres.

Vous, du moins, si vous n'étiez pas totalement sourd à ce que je m'efforce de faire entendre, vous devriez savoir combien ce grief est infondé. Je ne reproche pas plus à un Juif d'être juif que je ne reproche à un tuberculeux d'être tuberculeux. Je constate le fait et je plains le malade. Cependant, si, sous le prétexte romantique que son « mal de poitrine » est un signe de civilisation, ce tuberculeux s'applique à infecter son entourage, dois-je fermer les yeux ? Or, certains d'entre nous, beaucoup trop, ont été déjà contaminés. Comprenez-le donc. Ce ne sont pas des mesures punitives que je réclame, mais prophylactiques — et c'est bien naturel.

Si nous avions affaire à un malade apte à juger la situation avec bon sens, il pousserait un soupir et dirait : soit ! — Malheureusement, nous avons affaire à Israël, à un malconscient, à un halluciné. Et vous-même, très innocent et très dangereux ami, vous n'êtes pas indemne des singularités mentales de ce peuple en tout singulier. Cela n'empêche point que je garde pour vous, bien que vous m'ayez en la plus acre aversion, un sentiment très attaché. Les porteurs de germes les plus pernicieux ne sont pas pour cela des coupables. Je sens cela très vivement, et, si les circonstances voulaient que j'aie à vous le prouver, je n'y faillirais pas.

Plaise à Dieu, en retour, que je ne tombe jamais sous votre coupe. Vous auriez, vous, plaisir à punir. Il ne fait pas bon raisonner avec les illuminés. « Brûler n'est pas répondre, » a dit un jour Camille Desmoulins. Ce mot l'a conduit à l'échafaud.

LE JUIF CET INCONNU

CHAPITRE PREMIER

LE JUIF EST UN IDÉALISTE

L'ICONOGRAPHIE satirique représente le Juif comme un poussah bien nourri, vêtu d'une lourde pelisse, le ventre barré d'une grosse chaîne de montre, un cigare énorme dans la bouche. Il est nécessairement banquier, très riche et très malhonnête. C'est sous cette forme qu'il s'offre aux esprits.

Il ne serait pas très difficile d'établir que le Juif n'est pas toujours banquier, pas toujours riche et, assez souvent, d'une grande médiocrité en affaires je n'en dirai que quelques mots.

Le Juif dans les affaires.

A égalité avec nous dans les petites affaires, il est nettement inférieur dans les grandes.

Par grandes affaires, j'entends celles dont le personnel, employés et ouvriers, se compte par centaines, et je dis que les juifs sont parfaitement inaptes à manier ce mécanisme trop complexe. C'est une vérité d'expérience.

Pour la France seule, constatons que le Bon Marché est la création d'un Boucicaut, le Louvre, celle d'un Chauchard, la Samaritaine, celle d'un Cognac, le Printemps, celle d'un Jaluzot, etc. Les grandes maisons d'alimentation, les Docks rémois, Goulet-Turpin, Potin, etc., n'ont pas non plus été fondées par des juifs. Les Galeries Lafayette, à peu près seules, sont une œuvre juive. Mais c'est la dernière en date. Elle est une copie et elle n'est pas la plus florissante. De même les grands établissements de crédit ont tous été conçus et gérés par des non-Juifs.

Ils n'ont une supériorité sur nous que dans la spéculation. La spéculation est ce genre d'affaires où il n'y a ni production, ni échange, du moins en vue de satisfaire aux besoins des consommateurs. Tout s'y réduit à des paris sur ce qui se passera ou ne se passera pas. On achète du blé parce que l'on prévoit qu'il manquera et qu'il enchérira. Le vendeur a une opinion contraire et chacun soutient ses conjectures par un enjeu.

Le Juif a-t-il une aptitude à faire des prévisions plus justes que celles que nous faisons, nous, Européens ? Pas le moins du monde. Il a peut-être l'avantage, étant essentiellement international, d'être mieux informé que nous des marchés étrangers. Et encore — Non, son unique supériorité tient à ce qu'il s'applique à changer la véritable nature de la spéculation et à en faire autre chose qu'un jeu. Il s'entend, beaucoup mieux que nous, à influer dans la coulisse sur l'éventualité qui fait l'objet du pari. Y aura-t-il plus ou moins de blé en France dans six mois ? On est sûr qu'il y en aura moins, si le public continue à en consommer et si le spéculateur fait voter une loi qui en interdise l'importation. A ce compte-là, celui-ci gagne toujours.

On pourrait épiloguer longtemps sur le Juif homme d'affaires. Ce n'est pas l'objet de ce travail.

Mon dessein est seulement de signaler qu'à côté de ce juif opulent, jouisseur, terre à terre, il y en a un autre auquel l'épithète d'idéaliste s'applique très justement. Je voudrais montrer ensuite que cet idéalisme agit à la façon d'un toxique sur les peuples qui ont accueilli Israël à leur foyer.

Le rêveur du ghetto.

Il y a d'abord, chez les Juifs, le rêveur complet, le dormeur éveillé, et il existe en un nombre considérable d'exemplaires. Vous le coudoyez plus souvent que vous ne pensez.

Curieux spécimen de la race juive que les juifs connaissent bien. Dans tout roman écrit par un Juif sur la vie juive, vous en trouverez au moins un qui sera, suivant l'opportunité de l'affabulation, soit mosaïste et pieux, soit messianiste et révolutionnaire. Sous ces deux aspects, c'est le même rêveur à deux moments de l'histoire : le juif d'hier, croyant encore à Yahvé, le Juif de demain, dont la dévotion s'adresse à l'humanité future divinisée.

Caractère particulier : *il ne sait pas gagner sa vie.* Je comprends votre stupéfaction. Il y a donc des Juifs, dites-vous, qui ne savent pas gagner leur vie ?

Oui, il y en a — et beaucoup plus qu'on ne croit.

Ce personnage — qui rentre dans la catégorie plus large des *schnorrers* [1] est classique dans la littérature juive, parce qu'il est courant dans la vie. C'est une sorte de bohème, perpétuellement secouru par la communauté, qui le supporte, d'ailleurs, avec une complaisance sympathique et amusée. Il court après le billon qui lui permettra de souper. Mais il méprise l'argent. Il vit pour penser. L'intellectualisme dont il fait profession est généralement des plus fruste, mais il est pur de toute compromission avec les réalités de l'intérêt. Ce type n'est pas spécial à Israël, vous le pensez bien, mais ce qui est fait pour étonner beaucoup de gens, c'est qu'il existe chez les Juifs, et ce qui est incroyable, c'est qu'il existe, chez eux, en plus grand nombre que chez les non-Juifs.

On serait, d'abord, tenté de penser, comme le fait M. Kadmi-Cohen [2], qu'il y a deux espèces de juifs tout à fait distinctes : «...les *Hassidim* et les *Mithnagdim*. Dans les Hassidim, on reconnaît les passionnels. Ce sont les mystiques, les cabalistes, les démoniaques, les passionnés, les désintéressés, les enthousiastes, les poètes, les orateurs, les frénétiques, les irréfléchis, les chimériques, les voluptueux. Ce sont les méditerranéens, les catholiques du judaïsme, du catholicisme de la belle époque...

> « *Les Mithnagdim, ce sont les utilitaires, les Protestants du Judaïsme, les Nordiques. Froids, raisonneurs, égoïstes, positifs,*

---

1. — Mot du jargon judéo-allemand, le yiddish, qui veut dire indigent, mendiant. Le *schnorrer* est beaucoup mieux vu de ses congénères que le *gacht*, qui est un besogneux, un raté.
2. — Nomades, *Essai sur l'âme juive*, p. 129.

ils voient à leur aile extrême les éléments vulgaires, âpres au gain, sans scrupules, les arrivistes, les impitoyables... »

On pourrait pousser la fantaisie plus loin : faire descendre les premiers des Hébreux, les seconds, des Cananéens.

Mais je ne puis admettre, pour ma part, cette division du peuple juif en deux catégories distinctes, parfaitement étanches, n'ayant entre elles aucune communication. Je prétends qu'une observation, même superficielle, montre que c'est le même juif qui, suivant les circonstances, sera forban de finance ou professeur de faculté. Je prétends que ni l'un ni l'autre de ces hommes, qu'il veille dans son cabinet de travail ou qu'il fréquente les cercles et les bars, ne possède dans sa plénitude la fonction du réel. Je prétends que l'un et l'autre, à des degrés inégaux, c'est vrai, ont de la réalité une vision déformée, entièrement différente de celle qu'en a l'Européen. Les défauts que M. Kadmi-Cohen prête aux Mithnagdim excluent bien, il est vrai, l'idéalisme, mais l'idéalisme moral seulement et ce n'est pas cet idéalisme que j'ai en vue.

L'expérience personnelle que j'ai des juifs me montre la coexistence chez tous d'un certain sens pratique et d'un idéalisme accaparant. J'en ai connu plus d'un qui, tout en coupant un complet, pensait à une traduction nouvelle des Psaumes ou à l'instauration de l'égalité définitive entre les hommes.

Israël Zangwill a tracé d'eux un portrait fidèle.

> « *Il raconte la vie de ces « rêveurs du ghetto », fourreurs, fruitiers, employés, colporteurs, revendeurs, dans ta chambre desquels il y a toujours un livre ; savetiers qui, en battant la semelle, lissant les coutures avec le fer chaud, discutent passionnément sur l'origine du monde et le miracle, opposent ou concilient l'évolution et la religion, citent Kant, Spinosa, dans un atelier-chambre qui pue la graisse brûlée, la cire fondante et où grésille un feu de coke bourré de rognures de cuir.* »

Banquiers, médecins, politiciens ont des préoccupations similaires et, dans un autre décor, consacrent aussi des heures à remuer des questions philosophiques. Ce n'est point que, dans ces entretiens, ils fassent de la philosophie idéaliste. C'est la tendance seule à philosopher qui est une des marques de leur idéalisme.

On se demande, d'ailleurs, pourquoi il y aurait incompatibilité entre « l'âpreté au gain » et l'idéalisme.

Il n'est pas d'idéaliste qui nécessairement ne donne une part aux fonctions qui entretiennent la vie. L'instinct économique est aussi naturel à l'homme que la faim ou la soif. Un idéaliste mange et boit. Pourquoi ne serait-il pas laboureur ou porteur d'eau, menuisier ou chamelier ? Pourquoi ne conduirait-il pas une auto, ne crierait-il pas à la Bourse : « Je donne » ou « Je prends ? »

Pour être idéalistes au sens où je l'entends, il n'est certes pas nécessaire que les Juifs passent la plus grande partie de leur temps à agiter des problèmes de métaphysique. Il suffit que, lorsque leur esprit quitte les exercices coutumiers de la vie pratique, ils reviennent par une pente naturelle à une interprétation idéaliste de l'existence, interprétation qui est proprement leur.

L'idéalisme juif.

Pour mieux faire saisir en quoi réside l'idéalisme juif, il est peut-être bon de montrer d'abord ce qu'il n'est pas.

Et, d'abord, il n'est pas un idéalisme philosophique, comme celui de Platon ou de Berkeley. Il n'est pas une conception rationnelle, un système, une doctrine. Cependant, sans le savoir, sans le vouloir et sans pouvoir faire autrement, tout juif a une tendance invincible à expliquer, comme les philosophes idéalistes, le monde par l'Idée : c'est à cette tendance qu'il doit sa religion. C'est elle qui lui a suggéré de placer hors du monde une Puissance créatrice, sans quoi le monde n'aurait pu exister, et de l'installer dans une position de préexcellence absolue à l'égard de tous les êtres et de toutes les choses. De ce jour il a créé l'idéal divin qui va désormais vivre d'une vie propre hors du cerveau qui l'a engendré.

Cet idéalisme n'est pas non plus un idéalisme moral comme celui d'un Kant, c'est-à-dire la construction raisonnée d'une règle de conduite à laquelle ils se soumettraient tous. Israël n'a eu d'autre morale que la volonté arbitraire de Yahvé. Quand ils ne croient plus en Yahvé, leur idéalisme les entretient cependant dans un état d'inquiétude morale assez singulier. Ils ont sur leurs devoirs envers leurs contemporains les conceptions les plus diverses et quelquefois, par comparaison avec les nôtres, les plus immorales. Mais ils ont, *tous*, le sens de certaines obligations à l'égard de l'humanité, et ces obligations agitent constamment leur esprit.

Ils sont préoccupés de morale, en ce sens aussi qu'ils ne cessent de juger la morale des autres, de prêcher la leur et qu'ils poursuivent la diffusion de leur idéal humanitaire avec une infatigable persistance.

L'idéalisme juif a ce caractère tout à fait remarquable qu'il est inconscient. Il est, dans son essence, une sorte d'inaptitude radicale à comprendre le monde autrement qu'en subordonnant le réel à l'idée.

Chaque race a ainsi des tendances propres, également inconsciente, qui la caractérisent. Ce sont ses «valeurs raciales». J'appelle de ce nom certaines attitudes à l'égard de la vie qui se retrouvent chez tous les individus de la même race. Ce sont des préférences antérieures à tout raisonnement. Une influence étrangère peut les refouler quelque temps, les noyer comme un bouchon qu'on maintient dans l'eau, mais elles remontent à la surface aussitôt qu'on cesse de les contraindre. Elles nous viennent de notre ascendance, comme la boucle de notre cheveu ou la couleur de notre peau, et sont tellement ancrées en nous qu'elles semblent liées à notre structure cérébrale.

Or, comme nous allons le voir, les valeurs raciales juives sont diamétralement opposées aux valeurs raciales européennes. Je vais les mettre en parallèle sur trois centres de pensée et d'action, dans lesquels elles trouvent leurs manifestations extérieures.

Nous allons voir comment les Européens et les Juifs réagissent devant la nature, devant l'ordre et devant la justice.

Chapitre II

LES JUIFS ET LA NATURE

En face des splendeurs et des forces naturelles, les Européens admirent et se soumettent. Les Hébreux et les juifs restent inattentifs, dédaigneux et rebelles.

Les Européens, depuis les débuts de l'histoire, nous apparaissent comme essentiellement « réalistes » Ils sont saisis par le spectacle des choses. Cette ambiance dans laquelle ils vivent, ils ont un nom pour la nommer : *physis* ou *natura*. Les Hébreux, eux, ne la voient pas, n'ont pas de nom pour la nommer.

La religion.

Pour eux, au delà de l'étendue des cieux, il y a un Être tout-puissant, Yahvé, qui a tiré le monde du néant. Ce Dieu des juifs, une fois sorti de leur cerveau, se met à vivre pour eux d'une vie si intense que tout le reste passe à l'arrière-plan. Cet être, gratuitement inventé, va dominer toute leur vie individuelle et sociale.

Pour les Européens polythéistes, le monde a toujours existé. Ils sont inaptes à concevoir que quelque chose ait pu sortir du néant, et Lucrèce a exprimé leur répugnance pour cette idée dans un vers souvent cité. Leurs dieux sont des frères supérieurs. Ils sont plus puissants que l'homme, comme l'homme est plus puissant que les animaux. Ils ne sont pas tout-puissants. Ils ne sont pas les créateurs de l'univers et ne sont pas responsables du mal qui y règne. Hommes et dieux s'entendent donc très bien. La religion des Européens est joyeuse. C'est Celle d'un homme en bonne santé.

Celle des juifs est moins gaie. Pour eux, comme pour les Chrétiens, qui leur ont emprunté cette opposition entre Dieu et le monde, le grand problème est de concilier la toute-puissance et la bonté de Dieu avec l'existence du mal. D'où cette idée que le mal est une punition infligée à l'homme par un Dieu jaloux, exigeant, vindicatif, et la nécessité d'expliquer le mal par la colère du Créateur et la colère du Créateur par la perversité de la créature. Et, pour que cette colère du Seigneur ne perde à aucun degré sa vertu explicative, on multiplie, pour le Créateur, les occasions de mécontentement en multipliant, pour la créature, les occasions de pécher.

D'où, encore, la multiplication des rites et des commandements. Les prêtres, par exemple, auront un uniforme dont tous les détails sont prévus jusqu'au plus petit bouton [3], et la moindre dérogation à ce formalisme étroit sera une faute grave. Ainsi le Juif moderne pratiquant est encore enserré dans un réseau de prescriptions connues et cataloguées, dont le nombre s'élève à *six cent treize*.

Aussi, la vie n'a-t-elle jamais été très souriante pour l'Hébreu et pour le juif croyant. Dès l'antiquité, il a une propension fétichiste à se purifier, à se mortifier. L'ascétisme, dont la religion chrétienne héritera, est un fait dont l'existence, chez les Hébreux, est nettement établie.

> « *Les Esséniens*, dit un auteur juif, *considèrent les voluptés comme des vices que l'on doit fuir et la victoire sur les passions comme des vertus qu'on ne saurait trop estimer. Ils rejettent le mariage* [4]... »

— Ils sont, en effet, parfaitement continents. —

---

3. — *Exode*, chap. XXVIII.
4. — FLAVIUS JOSÈPHE, *Guerre des juifs*, II, 12.

> *« Peuplade unique... dit un Latin. On y vit sans femmes, sans argent, en s'interdisant la pratique de l'amour. Aussi, depuis des siècles, chose incroyable, se perpétue cette race éternelle, où cependant personne ne naît*[5]*... »*

Les Européens manifestent la jubilation, l'élan vers le plaisir par des couronnes et des guirlandes ; les juifs, par des aromates, des vins, la valériane et la myrrhe, parfum des embaumements...

> *« Esther a passé six mois dans l'huile et six mois dans la myrrhe. »*

En quatre pages du *Cantique des Cantiques*, Michelet relève :

> *« Sept fois le mot de myrrhe, dix-sept fois ceux d'encens et autres parfums, plusieurs peu agréables, le purgatif aloès, etc. Bref, une complète pharmacie. »*

On voit combien nous sommes loin de la nature.

La guerre, l'esclavage, la chasse.

Le réalisme des Européens les conduit à prendre la vie comme elle vient. La lutte est entre les espèces animales. C'est un fait. Cette nécessité fait partie du « réel », contre lequel ils ne songent même pas à esquisser une révolte. Ils font donc la guerre comme chose naturelle entre toutes et, qui plus est, ils l'aiment. Depuis que les valeurs juives se sont imposées au monde moderne, bien peu d'entre nous ont gardé conscience de cette prédilection. Mais feraient-ils la guerre si facilement, s'ils ne l'aimaient encore sans le savoir ?

La gloire, belle chimère européenne, naît du fracas des armes et du sang versé. La première œuvre littéraire de l'esprit européen, l'*Iliade*, est consacrée à l'exaltation du combat.

Tous ceux dont nous descendons, depuis le Franc chevelu jusqu'au grognard napoléonien, ont vécu dans la familiarité de la mort. Le Germain perd au jeu sa liberté et sa vie. Le Romain, grand batailleur, quand il a conquis le monde, met le suicide à la mode.

---

5. — Pline. *Hist. nat.*, V, 15

L'esclavage est la conséquence de la guerre et l'esclave lui-même l'admet comme inévitable et logique. Les jeux du cirque sont un plaisir raffiné qui ne scandalise personne. La chasse n'est pas une occasion d'attendrissement. — Elle ne l'est pas davantage aujourd'hui qu'il y a mille ans. Les jeux du cirque survivent dans les courses de taureaux. L'esclavage a disparu de nos mœurs, mais la guerre subsiste.

Les Hébreux ont toujours eu ces réalités en horreur. Ils n'ont été, de tous temps, que de mauvais soldats, presque toujours attaqués, bien rarement agresseurs, capables d'exaspération et de folles colères, incapables d'ordre et de sang-froid.

S'ils ont pratiqué l'esclavage, ils en ont atténué la rigueur. La seule vue du sang leur a toujours été insupportable. Le chasseur Nemrod est le type de la brute antipathiques. Aujourd'hui encore, un Juif pieux ne mange de viande que cascher, c'est-à-dire tuée suivant les rites et complètement exsangue !...

— Autant de défaillances de l'énergie qui sont bien congénitales et physiologiques, puisqu'elles sont générales dans toute la race et ont persisté jusqu'à nos jours.

Comment, avec de telles faiblesses, les Hébreux auraient-ils pu défendre leur territoire national ? Chaque fois que, depuis la ruine du Temple, une fraction du peuple juif a réussi, quelque part, à créer un État indépendant et souverain ou à prendre en main le gouvernement de quelque État non juif, cet État a aussitôt succombé. Tel fut le sort du royaume himyarite vers la fin du IVe siècle. Tel celui du peuple des Khazares qui, converti au judaïsme au IXe siècle, était, cent ans après, complètement dégradé et balayé par les Russes jusque dans la mer Caspienne [6].

La race juive est aujourd'hui éparse à la surface du globe, sans un coin de terre qui soit à elle. Elle n'a jamais eu et n'aura peut-être jamais la volonté et la force de défendre son espace vital sous le soleil. Or il n'est rien que l'Européen, attaché à la possession du sol et faisant corps avec lui, ne méprise davantage.

---

6. — Thèodore Reinach, *Histoire des Israélites*, pp. 49 et 53.

A l'Européen encore le sens et le goût de l'aventure, les grands déplacements d'un continent à l'autre. Avec l'*Iliade*, c'est l'*Odyssée* qui est à l'origine des littératures européennes. La guerre et le voyage. La Grèce colonise. Rome conquiert. Là où ils vont, ils veulent être encore chez eux. Les Hébreux, depuis leur entrée en Canaan, n'ont même pas une expédition commerciale à leur actif. Ils ont vécu plusieurs centaines d'années sur un rivage maritime sans avoir construit une flotte ou peut-être même personnellement un seul navire [7].

Il est vrai que, dans les deux mille ans qui suivirent, Isaac Laquedem a changé souvent de demeure. Mais, que le Juif essaime hors d'une Palestine surpeuplée ou qu'il fuie, d'Espagne en Russie, de Russie en Amérique, les réactions des peuples qu'il importune, ce n'est jamais la mise en route par masses pour «voir du pays» et s'approprier du terrain. C'est l'errance par petits groupes, par familles, par individus. C'est la recherche du nid d'autrui, où il pourra prospérer comme une espèce à part aussi irréductible que le coucou à l'espèce de son hôte. Triste quête d'un gîte précaire où, de tout temps, le Juif n'a été, n'a pu être que gênant et humilié.

L'étude de la nature.

Ce n'est pas tout. Non seulement les Européens aiment la nature, mais ils la comprennent. Ils sont les premiers à en acquérir une connaissance systématique. Les philosophes anciens

---

7. — La Bible nous donne Salomon comme copropriétaire avec Hiram, roi de Tyr, d'une flotte naviguant sur la mer Rouge (I *Rois*, IX,26 et X). Mais elle spécifie bien que nette flotte état montée par des Tyriens, *gens connaissant la mer*.
Plus tard, le roi de Juda Josaphat s'associa avec le roi d'Israël Ochozias pour l'entreprise, qui leur parut prodigieusement hardie, de construire quelque dix navires sur le golfe d'Akaba. Mais les Hébreux ne furent, sans doute, ni bons constructeurs, ni bons marins, car cette escadrille fut détruite dans le port même d'Azion-Gueber, avant d'avoir navigué.
Ochozias voulait renouveler l'expérience, mais Josaphat, timoré et sans confiance dans les aptitudes de son peuple, s'y opposa (I *Rois*, XXII, 49-50). C'est tout ce que l'on sait sur la marine des Hébreux.

(Anaximène, Anaximandre, Parménide, Lucrèce et bien d'autres) n'ont qu'un seul titre pour leurs œuvres : *Peri physeos, De natura rerum*, « De la nature ».

Rien d'analogue chez les Juifs. Yahvé occupe toute la place disponible dans leur cerveau et dans leur vie. Après lui, ils ne s'intéressent qu'à l'homme et non à l'homme physique ou psychique, mais à l'homme moral, c'est-à-dire au titre de ses devoirs vis-à-vis de Dieu et des autres hommes.

Ce sont encore des Européens, Bacon et Descartes, qui ont instauré les méthodes modernes de connaissance de la nature. Quelle est la part des Juifs dans l'élaboration des disciplines nouvelles ? jusqu'à ce siècle, elle est nulle. Aujourd'hui, le Juif qui fait profession de savant ne peut ignorer tout à fait la nature. Dans les sciences naturelles, où il se plaît peu, dans les sciences physiques et chimiques, où il se déplaît moins, il imite surtout les gestes des Européens. Il n'est vraiment à son aise que dans la physique mathématique. Là brille Einstein. Atteindre le concret naturel par les voies de l'abstrait rationnel, tel est le processus que préfère l'esprit juif. Et encore, cette méthode, s'il la pratique assez bien, ne l'a-t-il pas inventée… Vraiment idéaliste, ne le pensez-vous pas, cet homme à qui le calcul tient lieu d'expérience.

L'art et la littérature.

Vous trouvez naturel maintenant que les Hébreux et les Juifs, depuis Moïse jusqu'à nos jours, se soient montrés inaptes et hostiles aux arts plastiques.

Il est vrai que, depuis vingt ans, ils commencent à manifester des prétentions à cet égard. Avant cette époque, il y avait bien un Henri-Léopold Lévy qui avait peint, sur les murs du Panthéon, cette plate chose qui s'appelle *Le couronnement de Charlemagne*. Mais ce n'est que depuis la guerre 1914-1918 que les Juifs, en assez grand nombre, se disent « artistes ». Je cite au hasard Pissaro, Chagal, Modigliani, Libermann, Soutine, Kisling, Pascin, Zac, Lipschitz… Ils ont fait illusion quelque temps, grâce à une mode, machinée comme un complot, par la conjuration des marchands de tableaux juifs. Les cafés de Montparnasse ont servi de Bourse à une spéculation où pas mal d'enfants d'Israël se sont enrichis. Mais, je vous le demande, parmi les peintres que j'ai cités, quel est celui qui a vu la nature avec ses yeux de chair ?

Ne croyez pas qu'en littérature il en soit autrement. La nature est presque totalement absente des productions juives. Que ce soit Duvernois, Kessel, Charles-Henri Hirsch, Jean-Richard Bloch, André Maurois et tous auteurs français ou étrangers qu'il vous plaira de lire, vous ne trouverez dans leurs écrits que quelques traits, par-ci par-là, à peine indiqués, parce qu'ils savent que l'art européen, qu'ils s'appliquent à imiter, sans ces quelques touches, cesserait absolument d'être de l'art.

Tout cela est si vrai qu'on pourrait en administrer la preuve rigoureuse par statistique.

J'ai sous les yeux l'*Anthologie juive* publiée par Edmond Fleg, qui contient environ 450 morceaux extraits de la littérature israélite depuis ses origines jusqu'à nos jours. Eh bien ! sur ces 450 pièces, il n'y en a pas une qui, à mon sens, traduise un sentiment vrai de la nature. Sauf trois ou quatre, toutes sont hors de discussion.

Quelles sont celles qui prêtent au doute ?

1° — Le Psaume XIX (qui m'attire parce qu'il est intitulé par Fleg *Dieu dans la nature*).

> « *Les cieux racontent la gloire de Dieu et l'étendue dit l'œuvre de ses mains. Le jour au jour en fait le récit, la nuit à la nuit en donne connaissance., — Point de parole, point de discours : leur voix n'est pas entendue. Le chant pourtant monte de toute la terre, et leurs accents jusqu'aux confins du monde. Là, Dieu dressa une tente au soleil ; et lui, comme l'époux qui sort de la chambre nuptiale, il se réjouit, tel un vaillant, de courir son chemin* [8]. »

Je ne méconnais pas l'admirable lyrisme de ce poème célèbre. Mais ce récit que font les cieux, que le jour et la nuit se répètent, qui n'est pas entendu... — Pensez-vous que ce soit la nature ?

---

8. — *Anthologie juive*, T. I, p. 28.

C'est, en tout cas, une nature sidérale, bien abstraite, où déjà je découvre l'univers d'Einstein.

> 2° — « *Qu'il était beau (le grand prêtre Siméon), lors de la procession du peuple, lorsqu'il sortait de derrière le rideau du Temple Il ressemblait à l'étoile du matin qui luit à travers les nuages, ou à la pleine lune le jour de la Pâque, — au soleil qui resplendit sur le Temple du Très-Haut, ou à l'arc-en-ciel qui brille dans les nuées, — à la fleur des rosiers au jour du printemps ou au lys près des cours d'eau, — à la végétation du Liban pendant l'été ou à l'encens qui brûle dans l'encensoir, — à un vase d'or massif orné de toutes sortes de pierres précieuses, — à l'olivier verdoyant chargé de fruits, ou à un cyprès qui s'élève jusqu'aux nues* [9]... »

Ici la nature intervient comme un répertoire d'images d'ailleurs très peu cohérentes. Comparez avec un portrait de Saint-Simon.

> 3° — « *Est-ce une odeur de myrrhe qui tient les espaces ou bien un vent qui agite les cédrats ? Est-ce un nuage de fumée d'encens ou bien l'éclair des coupes de vin ? Sont-ce des vapeurs d'où coulent des parfums, ou des gouttes qui tombent de la tête des myrtes ? Sont-ce des montagnes qui chantent sans bouche, ou des colombes ou des ramiers sur les branches ?* « *La terre pare sa robe de carrés d'or et de voile de soie rayée. Et les routes sont droites pour celui qui les foule, et les cimes des monts s'aplanissent en plaines. Et les toits chantent et les murs leur répondent... etc...* »
>
> (*Epithalame en l'honneur de Salomon ben Matir* [10].)

Ceci est mieux. Mais remarquez que, pour ces trois pièces, le sujet n'est pas la nature. C'est Dieu, c'est Siméon, c'est Ben Matir. La nature n'est pas la fin du poème, mais un moyen de louange par voie de comparaison. Elle s'y présente au surplus compliquée, adultérée par des ornements artificiels, objets de la prédilection juive métaux précieux, pierres gemmes, parfums longuement cuisinés, etc. ...

---

9. — *Anthologie juive*, T. I, p. 114.
10. — *Anthologie juive*, T. II, p. 111.

4° — Une seule pièce donne un peu l'idée de notre inspiration européenne. Elle est de Judas Halévy, le grand poète juif du XIIe siècle.

« *... Tout usées sont les mains des marins ; les rameurs adroits font silence ; vaillants, ils s'avancent, puis rougissants reculent. Les voiles flottent, claquent ; les planches tremblent, craquent. Le vent fait jeu avec les eaux, pareil à celui qui bat les épis au fléau...* »
(*En mer. Voyage en Palestine* [11].)

Cela ne vaut pas Homère, mais enfin il y a un tableau qui parait vu.

Voici, au contraire, un recueil de morceaux choisis de notre littérature rassemblés par un dignitaire de l'Eglise, Mgr J. Calvet. La nature y tient la place prééminente. C'est à chaque page que nous allons la retrouver, vivante, réellement vue et sentie. Inutile de faire de longues citations. Les premiers mots éveilleront un souvenir vivace dans l'esprit de tous ceux qui ont un peu de lettres.

Charles d'Orléans :

Le Temps a laissé son manteau...

Ronsard :

Bel aupespin verdissant,
Fleurissant..,

Remi Belleau :

Avril l'honneur et des bois
Et des mois...

De Baïf :

O nature, nous nous plaignons
Que des fleurs la grâce est si brève...

Théophile de Viau :

Déjà la diligente avette
Boit la marjolaine et le thym
Et revient riche de butin
Qu'Oie a pris sur le mont Hymette.
Je vois les agneaux bondissants

---

11. — *Anthologie juive*, T. II, p. 102.

Buffon :
> *L'écureuil est un joli petit animal, qui n'est qu'à demi sauvage, et qui, par sa gentillesse...*

Lamartine :
> *Mon cœur lassé de tout, même de l'espérance...*
> *Voici l'étroit sentier de l'obscure vallée :*
> *Du flanc de ses coteaux pendent des bois épais...*

Veuillez le remarquer : j'ai passé les spécialistes du paysage, Jean-Jacques et Chateaubriand, et je ne vous mènerai pas jusqu'à Anna de Noailles et Francis Jammes.

Et puis, il y a d'autres façons d'aimer la nature.

Molière :
> *La nature, d'elle-même, quand nous la laissons faire, se tire doucement du désordre où elle est tombée ; c'est notre inquiétude, c'est notre impatience qui gâte tout...*

Je m'arrête. On n'en finirait plus.

Pour ce qui concerne le réalisme dans notre pays, j'ai eu recours également au *Cours de littérature* du même auteur.

Voici ce que j'y relève :

— Page 41 : Villehardouin « tend à donner une vue nette de la *réalité* ». — Page 46 : On l'a appelée « littérature gauloise en désignant par ce mot les *réalités*... » — Page 99 : « Villon nous montre toujours la *réalité* nue... » — Page 118 : « (Le Ponocrates de Rabelais) le met en contact (son élève) avec les *réalités*. » — Page 126 : A propos de Calvin, elle (son œuvre) révèle une vue claire de la *réalité*. »...

Je saute Amyot, Bernard de Palissy, Montaigne, Guillaume du Vair, donnés également comme *réalistes*, mais je signale qu'au) (IVe siècle « presque toutes les œuvres littéraires ont un accent de polémique qui est l'écho de la *réalité* dans l'art » (p. 192). J'allais oublier que Ronsard, qui s'évadait trop de la réalité, y fut ramené par Horace, un autre Européen (p. 141).

Réalistes encore, d'après Mgr Calvet, Malherbe, Corneille — qui l'eût cru ? — ainsi que Gomberville, Furetière, Scarron, Sorel, qui font au XVIIe siècle du roman *réaliste*. *Réaliste*, La Fontaine ; *réaliste*, Molière ; *réaliste*, Racine. Quant à Fénelon, il est « attaché aux *réalités* » — Je n'insiste pas. J'ai compté, sans les avoir beaucoup cherchés, soixante passages où l'épithète de réaliste était appliqué à un auteur français.

Resterait à faire l'épreuve contraire. Mais je ne connais aucun cours de littérature juive. A défaut, prenons l'*Anthologie* de E. Fleg, qui contient, en fin de chacun de ses deux volumes, de brèves notices sur les auteurs qu'il a cités. Y trouverons-nous, une fois, une seule, le mot de réalité ou de réaliste ? — Pas une seule.

Tout cela me paraît convaincant.

La morale.

Comme il fallait s'y attendre, la nature joue le rôle capital dans la morale européenne. Comment l'homme doit-il agir ? Toute l'antiquité gréco-romaine répond : Conformément à la nature.

Les vertus cardinales, pour les anciens, sont la sagesse, la tempérance, le courage, mais ils estiment aussi, à un très haut prix, l'amitié, la culture du corps et de l'esprit, l'amour de la cité. La morale des Hébreux, nous la connaissons par le décalogue : Ne point tuer ; ne pas jurer ; se reposer le septième jour ; ne pas être luxurieux... Autant de préceptes que l'Européen antérieur au Christ ne comprenait guère.

La religion chrétienne, plus tard, a vulgarisé les dix commandements du Sinaï, mais elle ne les a pas implantés dans la conscience européenne. Elle n'a pas réussi a inculquer à nos pères cette horreur de la violence et du sang qu'elle avait reçue des prophètes juifs. Les tout premiers chrétiens, se refusent bien, quelque temps, au service militaire. « Il ne m'est pas permis d'être soldat, dit le martyr Mamilien, parce que je suis chrétien. » Mais le goût héréditaire de la force ressuscita promptement.

« *A la fin du IIe siècle*, au dire de Tertullien, *les chrétiens remplissaient déjà les camps.* »

Disciplinés et fidèles, ils étaient les meilleurs soldats de l'époque.

Les Barbares, quand ils eurent effacé l'empire d'Occident, continuèrent à guerroyer entre eux. Bien que convenablement romanisés et christianisés, la rage de férir un coup d'épée ne les abandonna jamais. Ce sont ces Barbares qui inventèrent le dilettantisme belliciste. Ils se livrèrent des batailles décoratives d'Européen à Européen, de chrétien à chrétien, sans autre bénéfice que l'honneur de vaincre et la rançon des prisonniers, laquelle ne payait pas toujours les frais généraux de l'opération. Ils furent amenés à introduire, dans l'exercice de la force, une modération que l'on a beaucoup admirée et qui donne à la Chevalerie tout le lustre qu'elle garde à nos yeux : le respect de l'ennemi courageux, le mépris de la ruse, la générosité qui défend d'abuser de ses avantages... l'honneur chevaleresque, en un mot.

Cette discrétion élégante dans l'usage de la force fait d'autant mieux ressortir combien la guerre était, pour ces Européens éternels, un sport et un plaisir.

On peut suivre ainsi toutes les survivances de la morale païenne à travers les manifestations les plus typiques de l'esprit judéo-chrétien. Je n'insisterai pas. Je soulignerai seulement les contradictions que présentent les Croisades. Elles passent pour être l'expression la plus éclatante de l'idéal chrétien. Elles rappellent cependant les grandes migrations de la protohistoire et témoignent que les Européens judaïsés de cet âge n'ont point perdu leur ardeur pour les périples aventureux. Elles offrent un mélange singulier de générosité théâtrale et d'atrocité, marque impérissable de la brute humaine. On y trouve du côté des Croisés — cruauté : massacre des populations hongroises — lâcheté : désertion de Pierre l'Ermite ; — fourberie indulgence à l'égard de Phirous, « brave traître », qui livre Antioche aux armées occidentales — dépravation : le siège d'Antioche est une orgie luxurieuse qui scandalise les chroniqueurs.

Et les siècles défilent.

Et ce n'est qu'au XIXe siècle qu'on verra peu à peu la morale juive s'infiltrer à nouveau dans les consciences européennes.

« Le résumé de l'histoire du monde, dit l'homme d'État juif allemand Rathenau, est la tragédie des races aryennes. Un peuple blond, superbe, naît dans le Nord. Son envahissante fécondité s'écoule, flot à flot, vers le Sud. Chaque migration est une conquête et chaque conquête fertilise les mœurs et la civilisation. Mais, un jour, le Sud triomphe une religion orientale s'installe dans les pays du Nord. Ceux-ci se défendent en défendant la vieille morale du courage. Enfin le pire danger la civilisation industrielle conquiert le monde ; avec elle s'installent les pouvoirs de la peur, de l'intelligence, incarnés dans la démocratie et le capital [12]. »

Rathenau, comme Allemand, fait une part trop importante au racisme physiologique (un peuple blond...), mais, comme Juif, il a bien compris le conflit entre Israël et l'Europe (la vieille morale du courage... les pouvoirs (?) de la peur...) et les deux assauts qui ont été livrés à l'esprit européen par le mosaïsme au début de notre ère et par le messianisme pendant ce dernier siècle — mosaïsme et messianisme, ces deux aspects du même idéalisme juif.

---

12. — Cité par Robert Valery-Radot, *Israël et nous*, p. 12.

Chapitre III

LES JUIFS ET L'ORDRE

La nature révèle aux Européens qui se mettent à son école le secret de sa puissance et de son harmonie, j'entends l'art d'agencer, en vue de chaque fin, les moyens appropriés, qui permettent de parvenir à cette fin avec un maximum d'élégance, d'économie et d'efficacité, — l'Ordre en un mot, sans qui le monde resterait éternellement inintelligible. Ils établissent ensuite, entre les idées, les rapports de coordination et de subordination qu'ils ont constatés entre les choses.

Ils ont contracté avec l'ordre une si précoce alliance qu'il est devenu pour eux le plus impérieux des besoins et qu'avant même d'avoir été voulu et appelé il se réalise spontanément, involontairement, dans leur esprit.

L'ordre dans l'expression des idées.

Il se réalise dans la langue d'abord. Création des forces mentales les plus obscures, leur langue, dès qu'elle apparaît, est parfaite, en vertu d'une sorte de miracle, puisque nul ne l'a pu saisir et encore moins diriger dans le cours de son perfectionnement. Elle est un don gracieux que l'Europe au berceau reçoit de ses dieux.

Je ne redirai pas ce que tout le monde sait : la cohésion et la clarté de la phrase indo-européenne et, plus spécialement, grecque et latine ; la façon dont cette phrase s'édifie, la façon dont les matériaux dont elle a besoin se disposent d'eux-mêmes à la place la plus convenable et la façon dont ils s'articulent les uns aux autres par les fortes agrafes de ces particules *mais, ou, et, donc, or, ni, car,* etc. C'est pour ces hautes qualités que les langues gréco-latines qu'on dit modes, font encore, parmi nous, fonction d'éducatrices.

Les langues européennes modernes ont peut-être perdu un peu de leur cohésion, mais elles ont gagné en clarté. Ces mérites se manifesteront avec plus d'évidence, si on leur oppose l'imprécision et l'incohérence de la langue hébraïque.

> « *L'Hébreu, essentiellement fragmentaire, elliptique, est le plus rebelle des idiomes.* » — « *Aussi la langue hébraïque est-elle profondément équivoque. Les lettres se prennent les unes pour les autres... Pas de voyelles. Pas de ponctuation...* »

— Ainsi le mot que nous traduisons, fort incorrectement d'ailleurs, par justice, est composé de trois consonnes, ç d q, et il y a, suivant les voyelles qu'il plaît d'intercaler entre elles, vingt-cinq façons de le prononcer, toutes légitimes, sinon traditionnelles.

L'ordre dans les idées.

Même opposition entre la pensée européenne et la pensée juive. On sait combien la harangue d'un Démosthène ou d'un Cicéron est un prodige de raison bien administrée. Il y a, entre les parties du discours, les mêmes connexions et les mêmes dépendances qu'entre les idées dans la phrase.

Chez les Hébreux, au contraire, aucune liaison d'aucune sorte. C'est le décousu fait style. Ils sont lyriques, et c'est leur gloire, mais seulement parce que le lyrisme souffre « un beau désordre ».

> « *La période*, dit Renan, *fait défaut à leur style comme le raisonnement à leur pensée... L'embarras de l'hébreu pour exprimer le raisonnement le plus simple est quelque chose de surprenant.* »

Cette infirmité congénitale accompagne le juif dans sa dispersion à travers le monde. Le Talmud, par exemple, est un « tohu-bohu », — notre langue, pour exprimer le chaos, a emprunté ce mot à l'hébreu — des choses les plus hétéroclites. Imaginez un code civil, pénal, religieux, un recueil de jurisprudence, un pêle-mêle de réflexions morales, de spéculations philosophiques, de controverses, d'exhortations, de préceptes, d'apologues, de légendes, d'historiettes et, même, de nouvelles à la main. Imaginez une immense variété de sujets traités par la fantaisie de cent auteurs, sans le moindre souci de mettre quelque suite dans les sujets, quelque accord entre les textes, d'éviter répétitions et contradictions.

Et ce n'est pas seulement le désordre de matières qu'on a négligé de classer, c'est le désordre d'une pensée fumeuse qui n'arrive pas à se rendre maîtresse d'elle-même et à avoir une vision claire du réel. Voici les appréciations confondues de Théodore Reinach et d'Arsène Darmesteter.

> *« A proprement parler, le Talmud ne connaît pas l'histoire ; — pour lui, la réalité et le songe se mêlent dans un vague nuage il ne paraît pas avoir une idée juste du temps... Edom, Nabuchodonosor, Vespasien, Titus, Hadrien, tous les ennemis de la race juive, se confondent dans une même individualité et se substituent l'un à l'autre dans ce long martyrologe de l'histoire* [13]*... ».*

Notez qu'à l'époque où les *tannaïm* (docteurs) et les *amoraïm* (explicateurs) rédigeaient le Talmud — rédaction qui dura quatre ou cinq cents ans, — les modes de pensée de Thucydide, de Platon, d'Aristote, avaient, depuis près de mille ans, atteint leur pleine expansion dans l'Orient européen. Notez que les rédacteurs du Talmud baignaient littéralement dans le monde européen. Ils auraient eu le temps de faire l'apprentissage de cette pensée, s'ils ne s'étaient pas senti une sorte d'aversion pour elle.

Depuis, l'esprit d'Israël ne s'est guère clarifié. Cependant, depuis un siècle, l'accession des juifs aux professions

---

13. — Théodore Reinach, *Histoire des Israélites*, p. 31.

intellectuelles les a bien obligés à s'européaniser. Il a bien fallu que ceux qui voulaient écrire pour les non-juifs s'assimilent les procédés logiques de ces derniers. A force de travail, certains universitaires sont parvenus à ordonner leurs idées de façon qui semble impeccable. Ce qui est plus douteux, c'est qu'ils aient acquis, dans cet exercice exténuant, le sens et l'amour de l'ordre.

L'ordre dans l'art et la littérature.

Mais si ces esprits se sont pliés, par nécessité, aux règles inhérentes à l'usage même de l'intelligence, le penchant au désordre n'a pas été aussi bien refréné dans l'expression littéraire.

Quelques *poetæ minores* ont utilisé nos mètres classiques : Eugène Manuel, Catulle Mendès, Ephraïm Michaël... Mais cette cadence, trop régulièrement périodique, n'était pas pour leur plaire, et notre vers traditionnel n'a pas eu de pire ennemi qu'un Juif, Gustave Kahn. Il leur fallait cette liberté inorganique et débraillée, hors de laquelle ils se sentent prisonniers.

Pour le Juif, il n'y a pas de forme, de règle reconnue meilleure, à laquelle on doit se tenir et à laquelle, en effet, on se complaît pendant plusieurs siècles. Au Juif, il faut toujours du nouveau, démolir et reconstruire et démolir encore.

On aurait pu le prévoir.

Le mariage, de plus en plus intime, de l'esprit juif et de l'esprit européen, depuis cinquante ans, devait amener une anarchie des tendances littéraires. Et, de fait, jamais les écoles n'ont été plus abondantes. Elles se succèdent, s'entre-croisent ou se heurtent avec une rapidité kaléidoscopique. J. Calvet, que j'ai déjà cité, s'est chargé de les énumérer. Naturisme, Jammisme, Humanisme, Romantisme, Intégralisme, Unanimisme, Intimisme, Paroxysme, Futurisme, Dadaïsme, Surréalisme, Populisme se disputent tour à tour l'hégémonie littéraire. Quand il s'agit de résumer en deux mots ce qu'il peut y avoir de commun entre les éléments de cette bizarre mosaïque, notre auteur ne trouve que ceci, qui, dans son absurdité, exprime très bien un état intellectuel dont la contradiction est la marque criante : Réalisme mystique.

L'ordre dans l'éducation.

Il me reste à signaler la carence de tout ordre dans les rapports que les juifs entretiennent entre eux.

Êtes-vous entré dans l'intimité de quelques familles juives ?

Avez-vous pu remarquer l'éducation qu'y reçoivent les enfants ?

Je parle d'éducation. Je ne parle pas d'instruction.

S'il s'agit d'emmagasiner le savoir professionnel qui donne des titres à une situation distinguée, parents et enfants montrent une égale ardeur pour des connaissances aussi profitables. Quant à l'éducation, les enfants n'en reçoivent absolument aucune.

« *Comment donnerait-on ce que l'on n'a pas reçu ?* » disait devant moi un Juif intelligent.

Il disait bien.

Mais je ne parle même pas ici de l'éducation mondaine. Je parle de cette sorte de dressage, qui a pour objet, soit de donner à l'enfant des réflexes précieux (habitude du travail, de l'ordre matériel, par exemple), soit de former sa volonté et son cœur — ce que les Européens appellent le caractère — pour qu'en toutes circonstances il réponde à un idéal humain et viril. Le père européen prépare à son fils une place dans l'édifice social. Il taille donc le bloc brut, dégage ses faces principales, aplanit les parements. Lié à l'ensemble par la similitude des formes et la pression que les assises bien équarries exercent les unes sur les autres, il ne sera point besoin de ciment pour le maintenir. Au contraire, le père juif refuse de donner sa marque à l'enfant. Il faut que le bloc reste informe, tel qu'il est tombé du ciel. On ne sait dans quel alvéole de quelle construction nationale il ira se loger. Il a donc tout à perdre à recevoir une forme qui anticipe sur son destin. La communauté juive est une collection de blocs restés originaux et que nul ciseau n'a touché. Ce qui leur donne un air de famille, c'est l'unité de leur substance sous la diversité de leurs formes et, encore, cette absence, pour tous, d'un dégrossissement même superficiel.

Mais est-ce bien le désir louable de respecter l'indétermination de l'avenir qui fait du père juif ce spectateur désintéressé de la croissance de son fils ?

Pour une part assurément.

On reconnaît là cette liberté démocratique qui fait que toutes les forces, au lieu de s'unir et de s'épauler, se contredisent et se contrecarrent. Mais je crois que, plus encore, c'est une inaptitude foncière à organiser une éducation. Elle exige un plan, de l'esprit de suite, une application constante et souple. Or ces moyens manquent encore plus au Juif que la fin elle-même lui est déplaisante et ennemie.

L'ordre dans la cité.

L'absence de tout esprit d'ordre est particulièrement frappante dans les relations politiques et sociales des anciens Hébreux. Alors que les Gréco-Latins poussent jusqu'à la manie le besoin qu'ils ont de déterminer avec précision et d'écrire sur le marbre les constitutions auxquelles ils décident d'obéir, les Hébreux s'agitent dans un état de confusion devenu traditionnel.

Ah ! ce ne sont pas pourtant les lois qui manquent. L'Hexateuque en est plein. Mais elles sont éparses, mêlées, contradictoires. On ne sait, d'ailleurs, quelle autorité elles ont, car on ne sait de qui elles émanent, à qui elles s'appliquent, à qui incombe la charge d'en assurer l'exécution.

En l'an 100 avant jésus-Christ, il est impossible de déterminer si l'état juif est de forme républicaine ou monarchique. Il y a bien un pouvoir héréditaire qu'exerce le grand prêtre, mais ce pouvoir échappe, tous les quatre ans en moyenne, à celui qui en est investi. On reconnaîtra là, je le veux bien, les mœurs des monarchies hellénistiques. Ce qui n'est pas grec pourtant, c'est le rôle des partis dans la politique juive. Ces partis sont divisés, mais non par leurs intérêts personnels ou par les intérêts indivis de la cité. Ils sont divisés par leurs philosophies. Les Sadducéens ne croient pas à la vie future et à la rétribution des mérites. Ils ne croient ni aux anges, ni aux démons. Les Pharisiens, au contraire, acceptent un peu plus chaque jour l'idée de résurrection. Leur foi dans les anges et les démons est complète et très ancienne.

Ainsi, donc, c'est la question de savoir ce qu'ils deviendront après leur mort qui fait se déchirer les Juifs pendant qu'ils sont en vie...

Et l'on voudrait que ces hommes capables, tout au long de leur vie nationale, de sacrifier leurs intérêts humains et vitaux à des considérations abstraites sur l'Au-delà, ne soient point des idéalistes !

Les sociétés modernes, en recevant le Juif dans leur sein, y ont reçu en même temps les partis à la mode juive. Ce sont eux qui se disputent dans nos démocraties, et dans la française plus encore que dans les anglo-saxonnes. A la Chambre des députés, si on ne s'entend pas, ce n'est pas à cause d'un pont à construire, d'une loi sur le blé ou d'une insuffisance de la défense nationale. Cela, c'est l'écorce des débats, les partis ne se tuent pas pour si peu.

Ce qui fait les grands conflits, les haines farouches et inexpiables, ce sont les questions de foi l'école laïque ou chrétienne, les idéologies rouges ou blanches.

Résumons. Pas de règles, liberté, anarchie : voilà les *leitmotiv* du judaïsme. Avec lui, le désordre est entré chez nous, Européens, à la fois, dans l'esprit, dans l'art, dans l'éducation et dans la cité.

Chapitre IV

LES JUIFS ET LA JUSTICE

Dans la Bible, il est un mot qui revient à chaque page. Chez les Prophètes et dans les Psaumes, il revient à chaque ligne. Il ne saurait se présenter avec une telle fréquence dans les textes sans jouer un rôle capital dans les esprits. C'est le mot qu'on a généralement traduit par Justice.

Mais a-t-il, en hébreu, le même sens que le correspondant européen qu'on lui a trouvé ?

Justice européenne et justice juive.

Les langues européennes enveloppent sous le terme de justice (*justitia* ou *æquitas* en latin, *dikê* ou *Thémis* en grec) des idées assez complexes qui se réduisent, lorsqu'on les a minutieusement analysées, soit à une notion d'obligation découlant de la législation ou du contrat, soit à une simple notion d'un,. partialité.

Dans le premier sens, la justice est facile à déterminer objectivement, puisqu'elle réside dans un accord, aisément contrôlable, entre des actes et un texte écrit. Est juste tout ce qui est conforme aux prescriptions légales ou aux engagements volontairement assumés par l'individu. Est juste l'homme qui est bon citoyen et qui tient ses promesses.

Dans le second sens, la justice consiste à juger les actes d'autrui et les siens propres, selon le sentiment qu'on a du bien et du mal, mais en faisant abstraction de tout intérêt personnel. Dans ce sens, la justice, qu'on appelle aussi équité, s'oppose quelquefois à la justice prise dans la précédente acception. Ce que la loi et le contrat déclarent juste peut très bien ne pas être équitable.

Nous sommes très sûrs de ces mots et des idées qu'ils revêtent, car notre interprétation résulte d'innombrables dissertations auxquelles les philosophes européens se sont livrés. — N'allez pas demander aux Hébreux, par contre, de définir le sens qu'ils enferment sous ces trois lettres ç d q, que nous traduisons par justice et qu'ils prononcent tantôt *Zadoc*, tantôt *Tzedec*, tantôt *Zadaca*, tantôt autrement encore. Vous savez qu'ils sont incapables de raisonnements cohérents.

Ils ne se sont jamais essayés à analyser leur pensée.

Ce sera donc à nous à chercher à découvrir, par le contexte, le sens secret de ce vocable, à retirer de la coque le fruit qu'elle contient.

La justice privilège du serviteur de Dieu.

Dieu pardonnera à Sodome et à Gomorrhe, si l'on trouve dix justes dans leur population.

Le contexte nous donne à penser qu'ici la justice est le privilège du serviteur de Dieu. Est dénommé juste celui qui complaît à Yahvé. C'est le sens que ce mot affecte le plus généralement dans les six premiers livres de la Bible. Mais, lorsque nous arrivons au *Livre des Psaumes*, nous constatons que l'homme juste est constamment opposé à l'homme méchant. Ces antonymes se font toujours pendant.

Quel que soit l'hypothétique auteur des Psaumes, David, ou Asaph, ou Ethan l'Esrahite, il s'octroie toujours la qualification de juste. Quant au méchant, c'est un personnage indéfini, ennemi du premier — on ne sait guère pourquoi, — et sur la tête duquel le psalmiste attire la colère de Yahvé, en spécifiant les tortures assez raffinées qu'il souhaite le voir souffrir. Quel est ce mystérieux ennemi auquel le chantre voue une haine si constante et si féroce ?

Le méchant n'est pas un être individualisé. Sinon, il serait quelquefois désigné nommément. Il ne l'est jamais. Il n'y aurait pas que lui dans l'univers. Le psaume ne serait pas une éternelle scène à deux personnages. Non, cette persistance à le laisser flou, indéterminé, anonyme, montre bien que le méchant n'est personne en particulier et tout le monde en Général.

Après examen, nous discernons sans trop de peine qu'il n'y a, dans chaque psaume, que l'irritation d'un saint homme, voué au culte de Dieu, qui observe scrupuleusement tous les rites, passe ses journées et ses nuits à prier et multiplie, avec un zèle timoré, purifications et mortifications. De ces pratiques sans joie, il ne lui échoit que misère et humiliation. Il ne peut se défendre d'un sentiment de rageuse envie contre l'homme qui se livre à un travail lucratif, sème, moissonne, engrange et jouit de la vie. Le scandale intolérable, c'est que le serviteur de Dieu soit exclu des félicités qui sont le partage habituel des impies. Le méchant, c'est l'homme normal ; c'est, par extension, « autrui » en général. Il y a là une conception du monde assez curieuse : un personnage central, celui qui parle, lequel s'accorde une estime parfaite et, autour de lui, l'entourage des « autres », qui ne valent pas la corde pour les pendre. Est juste *celui qui parle*, que la grammaire dénomme première personne. Est méchant la troisième personne, *celui dont on parle*.

Le prophète, consacré, lui aussi, au service de Dieu et souffrant aussi d'une dépréciation sociale qu'il croit un déni de justice, aura un état d'esprit analogue. Lui aussi, voué à la sainteté miséreuse, ne pourra nourrir que haine à l'égard du possédant qui néglige Dieu. Mais, lui, ne poursuit pas avec Dieu un monologue confidentiel. Il parle à la foule et, sous peine de ne pas être écouté, il faut qu'il fasse à ses auditeurs une place parmi les justes. Ceux qui lui prêtent l'oreille sur la place publique ne sont pas les opulents et les aristocrates. Ceux-là, les forts, les positifs et les prospères, voilà les méchants. Sa sympathie et celle de l'auditoire vont aux hommes de leur propre sorte, aux pieux, aux faibles, aux pauvres, insoucieux ou incapables de conquérir l'argent et la puissance. C'est à eux, les contemplateurs et les saints, que sera réservée l'accession à la dignité de « justes ».

Ici, nous touchons, à sa racine même, la mystique de l'humilité.

Le pauvre contre le Monde.

Aussi la justice, chez le Juif, est-elle devenue la revendication de l'humble et de l'indigent. La justice n'est plus liée à l'acte accompli ou à l'intention de l'accomplir. La justice est liée à la personne, laquelle est juste, indépendamment de ses actions, pour des causes indépendantes de sa volonté, en raison de la position sociale où le sort l'a placée.

Cette idée prend dans la conscience juive les développements qu'on pouvait attendre. Le juste, telle qu'elle l'entend, est armé d'un droit contre les méchants, c'est-à-dire d'un titre à réclamer des compensations qu'on ne peut lui refuser sans encourir la vengeance de Yahvé. La colère du psalmiste et des prophètes, gagnant de proche en proche, a fini par s'imposer à toutes les consciences en Israël, même à la conscience de ceux contre qui cette colère s'élevait. Le riche a partagé le sentiment de réprobation dont il était l'objet. Née d'une jalousie de clerc et de forme religieuse, la notion de justice a pris, en fin de compte, un caractère abstrait, moral, profane. C'est sous cette figure qu'elle a passé dans le monde moderne.

J'ai été amené, pour me faire comprendre, à tracer une sorte de biographie de ce sentiment du juste, en interpréter les signes extérieurs par lesquels il s'est manifesté dans le temps. Mais on aurait tort d'oublier que nous avons affaire à quelque chose d'obscur et de diffus, profondément enfoui dans l'inconscient. L'idéal juif de justice, tel que je l'analyse et le traduis dans le langage, est l'efflorescence artificielle dans la raison d'un germe caché dans l'instinct : un appétit foncier de l'être de s'introduire en tiers dans toutes les joies, la rage d'en être exclu... en résumé, un état psychique permanent incompatible avec les phases d'un développement historique.

La charité succède à la justice.

Le christianisme, qui a tant reçu de l'Ancienne Alliance, s'est toutefois cabré instinctivement devant la justice juive. Il est bien question encore dans le Sermon sur la montagne de « ceux qui ont faim et soif de justice », mais le sens du mot est équivoque. On retrouve encore ce terme dans la bouche de saint Paul, mais, cette fois, c'est pour opposer la justice de Dieu à la justice des Juifs. Comme saint Paul, Juif de naissance, n'est pas plus apte que ses congénères à définir et à déduire, il s'explique sans clarté et nous ne saurons jamais très bien ce qui distingue, dans son esprit, la justice judaïque « selon la loi » de la justice chrétienne « selon la foi ». Il y aurait de quoi épiloguer longuement. Nous constaterons seulement qu'à partir de cette époque le mot justice devient de plus en plus rare dans la langue religieuse. On ne le condamne pas expressément. On laisse simplement le terme sans emploi et l'idée sans écho. Quelque chose de plus grand s'est substitué à la justice. La charité a fait son apparition dans le monde.

Le christianisme a bien fait sienne l'idée de pré-excellence morale attaché à l'état de faiblesse et d'humilité. Jésus aime les petits, les simples, les infirmes... Mais, d'un coup de pouce léger, la religion nouvelle a tout changé. Ces déshérités, le Judaïsme les avait armés d'un dangereux pouvoir, le droit de réclamer avec haine, de faire sommation impérative et de conduire leurs revendications jusqu'à la violence. Au contraire, à ces humbles que, dans l'ordre mystique, il exalte jusqu'au paroxysme, le christianisme refuse tout droit. Quelle que soit l'exiguïté de leur part, rien ne les autorise à demander des comptes, à imposer une réévaluation et un nouveau partage. A défaut de ces biens méprisables qui leur échappent dans ce monde, une couronne de gloire leur est réservée dans l'autre.

La charité saura atténuer ce que cette invitation à la résignation pourrait avoir de trop cruel. Elle convertit ce qui était le droit du pauvre en un devoir pour le riche. L'homme ne doit pas à l'homme l'équivalent de ce qu'il en reçoit. Il doit plus. Il a le devoir de faire au prochain une part plus belle que celle qu'il se fait à lui-même. Il faut qu'il soit, non pas juste, mais moins que juste envers lui-même, plus que juste envers le prochain. L'amour ne va pas sans sacrifice.

Grâce à cette répudiation de la justice égalitaire et revendicatrice juive, la chrétienté a ignoré, pendant quinze cents ans, les débats irritants d'un prétendu problème social. On ne réalise pas assez que, pendant tout le moyen âge et une grande partie des temps modernes, les troubles sociaux ont été rares et localisés. Il est vrai que la seconde partie du XVIe siècle a été, en France, assez tumultueuse. C'est l'époque de la révolte des Flandres, de la Jacquerie, des Marmousets, des Maillotins... Mais la Jacquerie, par exemple, qui, à distance, nous paraît chose importante, n'est qu'une émeute limitée à l'Isle-de-France et qui dura en tout deux semaines, du 28 mai 1358 au 10 juin suivant.

Le docteur Knock.

Une sensibilité juive sera très vivement choquée que je me montre si peu ému de tant de générations sacrifiées à la grandeur et au bonheur de quelques-uns. Admettre le *paucis vivit genus humanum*, « le genre humain n'existe que pour quelques privilégiés », lui paraît le plus impardonnable des blasphèmes. Mais cette sensibilité juge de toutes choses par soi-même. Elle fait le monde à sa mesure. Je suis européen et plus objectif.

J'ai le sentiment que le bonheur est la chose la plus relative. Je sens que d'autres peuvent trouver le bonheur là où je ne trouverais que souffrance. Et inversement. Il n'est que de se déplacer vers des contrées où la vie est encore plus pénible que celle de nos pères. On se demande, à les voir rire, si les gens simples, à qui est départie une existence si falote et si dure, ont de la vie la même vision que nous. Et, pourtant, nos aïeux ont été ce qu'ils sont. Le sort de l'humanité, c'est la vie du lièvre : la tranquillité précaire du terrier, coupée, à chaque sortie, de périls terrifiants. Les puissants ne sont que de plus gros lièvres exposés à de plus sévères catastrophes. Depuis que le monde est monde, il en est ainsi, et les vaines et personnelles protestations des prophètes n'y ont rien changé. Je sais cela.

Je suis issu d'une lignée de paysans vellaves qui, peut-être, ont battu l'eau des étangs pour procurer le silence au sommeil de leur seigneur. Je n'en conserve aucune amertume. Si, devenu petit bourgeois, les mœurs du XVIIIe siècle subsistaient encore, j'aurais à appeler « Monseigneur » des gens qui ne me vaudraient pas. Je n'en serais pas avili. Émerveillez-vous, Juifs de tous les hémisphères, il y a des *goyim* qui peuvent vivre et trouver la vie bonne, sans être aux premiers rangs de la société !

Le Juif est un éveilleur de mécontentement. Or le mécontentement est une maladie contagieuse et, depuis l'émancipation d'Israël, le monde en est atteint. Les Juifs n'ont pas inventé le mécontentement, qui a toujours tourmenté certaines âmes. Ils l'ont vulgarisé. Ils lui ont, ce qui est encore pis, attaché une idée de légitimité. Le droit est *ipso facto* du côté de celui qui réclame. Le docteur Knock n'a pas davantage inventé la maladie. Mais il l'a cultivée. Il l'a fait croître et multiplier. Pour lui, tout homme en bonne santé est un malade qui s'ignore. Pour les juifs, tout homme satisfait est un insatisfait qui s'ignore, et ils n'ont de cesse qu'ils ne l'aient révélé à lui-même.

Karl Marx a été l'agent le plus actif de cette universalisation du mécontentement dans les esprits européens. Il est Juif, mais baptisé. Il se croit affranchi de la synagogue, indépendant de son ascendance rabbinique. Il s'imagine étudier les phénomènes sociaux avec une complète objectivité. Il se trompe Il a beau recourir à un appareil scientifique qu'il croit impressionnant parce qu'il en est lui-même impressionné, il ne fait que donner des apparences de raison à des tendances qui préexistent en lui. *Le Capital*, son œuvre maîtresse, est une masse diffuse, indigeste et profondément tamuldique.

Il publie, en 1847, le *Manifeste communiste*, qui va dresser tout le prolétariat mondial contre la société. Puis, complétant la théorie par l'action, il fondera bientôt la « Ligue des communistes transformation d'une précédente « Ligue des justes » saluons ce vocable au passage, — et inaugurera, par cette initiative, la fameuse lutte des classes, qui est devenue la foi d'une partie de l'humanité.

Le Droit prime la Force.

A partir de Karl Marx, nous connaissons une justice qui n'est plus la justice sans épithète, celle des Européens et des philosophes, — nous connaissons la « justice sociale ». Pour établir son règne, elle fait appel à la Révolution qui, par tous les moyens, va accomplir l'œuvre urgente d'instaurer le Droit dans le monde, car le Droit, c'est le titre de légitimité que la justice met aux mains des déshérités.

Ainsi, simultanément, nous assistons à une transfiguration de l'idée de Droit. Le droit européen était la création de volontés très humaines qui s'expriment par la loi et le contrat. Le droit nouveau, quittant le domaine du relatif, se hisse, dans une magnification d'apothéose, sur le plan de l'Absolu. Renouvelant le miracle de déification accompli par Israël quand il créa son créateur, l'imagination humaine installe le Droit en dominateur tout-puissant au-dessus de tous les êtres. De son empyrée transcendantal, il maîtrise toutes les énergies naturelles et la Force, la Force elle-même qui, jusqu'alors, ne connaissait aucune force au-dessus d'elle. Oui, depuis que la, Justice juive est entrée dans le monde, la Force qui soulève les océans et tient les astres suspendus dans l'éther, la Force péremptoire est devenue la servante du Droit. *Le Droit prime la Force*. Cette foi d'illuminés, égarés dans la stratosphère morale, a perdu tout contact avec la réalité.

La métaphysique prétend commander aux faits.

Nul n'a eu plus à souffrir de la force que le peuple juif. La force les a expulsés de leur patrimoine héréditaire. La force les a livrés aux mains de maîtres, parfois durs, chez qui ils ont dû mettre en œuvre les vices de l'esclave. Mais au nom de leur droit, toujours vaincu, ils n'ont cessé de mépriser la force, toujours victorieuse. La trique sur la nuque, ils nient encore la force. Plus ils reçoivent d'injures et de coups, plus ils croient à leur droit, plus ils s'attribuent de valeur et de supériorité. Leur orgueil est en raison inverse de leurs victoires. Cette aptitude à puiser dans la défaite des causes de confiance, de satisfaction et de triomphe, c'est bien une catégorie de leur entendement qui n'existe point dans le nôtre, à nous, Européens. Alors que nous avons été étrangers à ces aberrations tout au long de l'histoire, voici que nous les admettons peu à peu et qu'elles sont devenues, pour beaucoup des nôtres, des idées qui semblent définitivement agréées parce qu'ils n'en sentent pas l'essentielle absurdité. L'idéal juif, je l'ai dit, est contagieux. Il est contagieux parce qu'il est commode. Il est l'arme des impuissants et la consolation des lâches. Il dispense de courage, et le courage devient difficile quand on a goûté cette liqueur sédative. Ainsi, par une action réciproque du droit sur le courage et du courage sur le droit, cet idéal prépare la défaite.

Malheur au peuple qui fait crédit à ces chimères trop séduisantes, justice sociale, droit des faibles, etc. ! Il oublie la réalité. Il s'endort sous cet arbre de légende qui verse le sommeil et la mort à ceux qui ont l'imprudence de chercher le repos sous son ombre.

Interprétation par la justice juive du problème social.

Je voudrais seulement, avant de terminer, préciser l'angle sous lequel la justice juive et la justice européenne, respectivement, considèrent le problème social.

Dans la vie, il y a des biens et il y a des hommes qui les produisent et qui les consomment. Le problème social consiste à répartir ces biens. Sur quel principe doit se faire cette répartition ?

Les Européens répondaient : *en fonction du besoin que la communauté a des individus*, — c'est-à-dire en fonction de leur utilité. C'était cela qui, pour nous, était juste. Nous répugnons à récompenser un incapable.

Les Juifs répondent : *en fonction du besoin que les individus ont de la communauté*, — c'est-à-dire en fonction de leur impuissance. Être juste, pour eux, c'est réparer les inégalités naturelles.

Notre démocratie, imbue de judaïsme, obéit à ce dernier principe. Les conséquences sont inéluctables. Comme il est plus avantageux d'être impuissant que d'être utile, il n'y a plus de raisons de s'évertuer avec effort à un travail efficace. Il y en a, au contraire, à cultiver et à mettre en évidence sa faiblesse, puisqu'elle constitue le titre le plus sûr à la bienveillance de l'entourage.

Aussi voit-on, de plus en plus, en France, les particuliers délaisser les fonctions de responsabilité et d'initiative mésestimées et brimées, éternelles parties payantes, pour rechercher les fonctions de passivité et d'automatisme, heureuses parties prenantes de la nation.

<u>Une nation où les individus sont ainsi d'autant plus choyés qu'ils sont plus pitoyables est une nation vaincue par avance dans la concurrence internationale.</u>

Je ne crois pas qu'il y ait de formules qui rendent compte plus exactement et plus clairement des méfaits accomplis par l'idéalisme juif dans les sociétés modernes.

Sensibilité ou sensiblerie ?

Ces méfaits, il faut en chercher l'origine dans une sensibilité très personnelle et en quelque sorte *sui generis* de la race juive. Je dirai plutôt une sensiblerie — sincère, mais absurde.

Selon les habitudes imaginatives de l'Orient, le juif transpose sa personnalité sous la peau des autres, comme Schéhérazade enferme l'âme d'un prince dans le corps d'un ânon teigneux. Il ne comprend pas la contradiction inhérente à une telle fiction. Un Européen peut bien, par fantaisie, entrer dans ce jeu, mais il sent d'instinct l'irréel et le contre-nature d'un assemblage de ce genre.

Ne dites pas surtout que c'est là de l'objectivité. Au contraire. Etre objectif, ce n'est pas donner à un âne les sentiments d'un homme, c'est se faire âne soi-même. C'est, cessant d'être homme pour devenir animal, s'imaginer, se sentir *lui*, avec ses longues oreilles et ses plaies, c'est se fabriquer sa conscience élémentaire, diluée, privée de langage, ne percevant que des joies vaporeuses et des douleurs atténuées, une petite bulle de savon, qui flotte un instant et crève tout à coup, n'ayant même jamais su clairement qu'elle vivait. Le Juif reste un juif, logé à l'étroit dans un ânon et souffrant triplement de ses maux personnels, de ceux de son enveloppe ulcérée et de la déchéance qui s'attache à son emprisonnement.

L'émotion qui peut naître de ce transfert factice du cœur d'un rêveur bien intentionné dans la poitrine d'un pauvre hère, cadre assez bien avec ce que nous savons de la psychologie du Juif, de sa propension à l'apitoiement, de sa bienfaisance facile, de sa faiblesse à l'égard des enfants, de son horreur pour le sang, la violence et la guerre. S'apitoyer et revendiquer, ce sont deux traits qui s'associent très bien. Voulez-vous toute ma pensée ? je suis profondément convaincu que, dans ses entreprises sociales, le Juif n'est mû que par un amour imaginatif de ses semblables. Ne voyant pas la nature, ou si peu, il ne perçoit que l'humanité et ne pense qu'à elle. Mais son amour orgueilleux et condescendant ne se propose que d'enseigner et n'aboutit qu'à ennuyer.

Oui, c'est bien là l'image fidèle des choses. Il y a, entre Israël et l'humanité, une histoire d'amour, — mais d'amour non partagé. Il la poursuit de ses assiduités. Il est empressé et jaloux. Il est intelligent, peu clairvoyant, pas très joli. Il ne plaît pas. Je dirai même qu'il déplaît et d'autant plus qu'il s'impose davantage. Aussi est-il toujours finalement rabroué. De sa belle, il reçoit des coups d'éventail, de l'amant aimé, des bourrades un peu rudes et, lorsque le père, excédé, apposte ses valets pour lui donner du bâton, C'est cela même qu'on appelle antisémitisme.

En vérité, cet amour est complexe et plein de contradictions. La soif du sacrifice s'y mêle à la vanité de parader et à la fureur de prévaloir. Israël à la fois adore et déteste l'objet aimé. Il délire et calcule... Israël, en somme, est de ces maniaques dont l'amour est une obsession et un péril. Persécuteur persécuté, pareil aux soupirants éconduits qui alimentent la rubrique des faits divers, il est toujours au bord du crime passionnel.

Le juif, que la seule vue du sang fait défaillir, peut avoir quelquefois la cruauté du tigre. On a vu, dans les révolutions qu'il a suscitées depuis 1917, des monstres dont la férocité ne le cédait en rien à celle de nos Carrier et de nos Lebon. Je ne citerai que les Levien, les Leviné, les Axelrode en Bavière et les Szamuely en Hongrie, pendant la crise communiste de 1919.

Je dirai, en d'autres termes, que la sensibilité juive se traduit assez paradoxalement par une tendresse larmoyante pour l'humanité tout entière, concomitant avec une colère sourde contre à peu près tous les hommes en particulier. La « haine juive » n'est pas un vain mot, qui s'exprime en pleine Chambre des Députés par la bouche de Léon Blum. La famille la plus rapprochée seule échappe à cette animosité générale.

Cette contradiction n'est pas la seule.

L'optimisme juif.

J'ai parlé du pessimisme juif [14], et effectivement le culte de Yahvé, le dieu exigeant, a fort assombri l'Hébreu théocrate de Judée. Mais ce pessimisme est-il inhérent à la race ? Il semble avoir été toujours combattu par un optimisme invincible que la religion n'arrivait pas à étouffer. Il faut donc, sur cette question surtout, se défier des épithètes trop catégoriques.

En vérité, les Juifs ont toujours aimé la vie. Mais qu'aimaient-ils donc dans la vie ? Ce n'est pas la beauté du monde, cette beauté qui ravit les Européens, puisque les juifs sont aveugles au milieu des formes et des couleurs, et totalement privés de toute jouissance visuelle et esthétique. Ce qu'ils aiment, c'est le plaisir, celui auquel concourent l'ouïe, l'odorat et le toucher, celui dont Yahvé voudrait les obliger à s'abstenir. Ce qu'ils aiment, c'est le confort oriental la musique, les parfums, les tapis... Les rédacteurs de la Bible s'accordent, dans leur goût du luxe, avec les boursiers de l'Occident moderne. Dans tout Juif, il y a un dandy Disraëli, Lassalle, Léon Blum..., auquel un Européen reprochera seulement d'être un peu trop confit dans la pommade [15].

En tout cas, quelle que soit la cause de cet attachement, le Juif

---

14. — Voir ci-dessus, pp. 12 et 13
15. — Voir ci-dessus p. 16, à propos d'Esther.

est attaché à l'existence. On ne vit qu'une fois et rien ne vaut les plaisirs que l'on cueille au passage. On recoupe ici le respect de la vie et l'horreur du sang que rai déjà signalés. Malheureusement, ce qui gâte la jouissance, C'est sa monotonie et sa brièveté ; ce qui empoisonne l'existence, C'est la méchanceté des hommes. Pour le juif, ce double poison est terriblement amer. Il explique le désenchantement du Kohelet, l'irritation du psalmiste et des prophètes. Avoir une telle source de joies et ne pouvoir y puiser ! Tout compte fait, ce déçu perpétuel est *dans le présent* très malheureux. Tel est le juif que nous avons encore sous les yeux, éperdu de réformes, bouillant de révolution contenue. Vu sous ce jour, le juif est assurément pessimiste.

Très pessimiste. Mais attention ! « *L'an prochain à Jérusalem.* » Le bien dont il est privé et dont il croit l'humanité privée, il l'aura *dans l'avenir*. Car, s'il est une foi solidement implantée dans la conscience juive, c'est bien celle que finalement ce que Israël appelle le Bien doit l'emporter sur ce qu'il appelle le Mal. Tous les obstacles au bonheur des hommes tomberont les uns après les autres, car l'humanité suit une marche ascendante vers la perfection. Voilà ce que le peuple élu a enseigné au monde, voilà à quoi il travaille.

Ainsi le Juif porte en lui un indéfectible espoir dans l'avenir et, dans ce sens, il est optimiste, follement optimiste. Cet optimiste a pénétré tout le monde contemporain, lequel vit maintenant tourné vers le futur. L'âge d'or, que les anciens plaçaient dans le passé, est transposé dans l'avenir. Le mirage d'une évolution salvatrice qui amènera l'éternel Adam à la félicité édénique est aujourd'hui tellement générale que tous, même ceux d'entre nous qui se flattent de réagir intégralement contre l'esprit juif, nous conservons un pli que nous avons reçu de lui. Il consiste en ceci : un amour immodéré de la jeunesse, l'adoration béate de l'enfant, la passion de travailler pour des générations éloignées qui ne nous demandent rien et souriront probablement de notre zèle ingénu.

Chapitre V

LE JUIF EST RÉVOLUTIONNAIRE

*R*éunissez maintenant, dans un seul homme, ces trois caractéristiques de l'esprit juif que je viens de décrire rapidement — inattention, dédain et rebellion devant la nature, — répugnance pour l'ordre, conception d'une justice, puissance mystérieuse, ineffable, transcendentale, divine, dont il faut assurer le règne sur la terre au prix de tous les bouleversements et de toutes les souffrances... Que va donner la fusion de ces trois éléments ?

Eh ! que voulez-vous donc qu'elle puisse donner, si ce n'est un révolutionnaire.

Le révolutionnaire.

Or, qu'est-ce qu'un révolutionnaire ?

C'est essentiellement l'homme qui éprouve le besoin de conformer le monde à soi, plutôt que de se conformer au monde, comme il serait à la fois plus simple et plus naturel de faire. C'est aussi l'homme qui désire, recherche, voire exige que cette action personnelle sur le monde dépasse les bornes du présent et se prolonge dans l'avenir.

Tous les hommes sans exception, parce qu'ils vivent dans le présent, obéissent à la nécessité de se préoccuper du présent. Beaucoup d'entre eux en font même leur préoccupation exclusive, en y annexant, bien entendu, un passé et un futur immédiats, qui ne sont qu'une légère extension de l'actualité où chacun d'eux se meut, lui et ses proches. Rares sont les hommes qui remontent plus haut pour étudier le passé commun de l'humanité. Mais tout le monde en reconnaît l'importance. La réalité révolue est encore de la réalité et, par l'enseignement de ce qui a été fait, elle nous conseille ce qu'il faut faire. L'intérêt du présent est évident. L'intérêt du passé est raisonnable.

Ce qui est moins normal, moins explicable, c'est qu'un homme puisse accorder un intérêt passionné à l'avenir lointain de notre espèce[16]. Sa prostérité lui est plus chère que lui-même. Il est prêt à lui sacrifier sa vie...

Voilà, le révolutionnaire.

C'est un imaginatif, un orgueilleux, un mécontent et aussi un mystique en somme, un tempérament exceptionnel.

Il déraisonne assurément lorsqu'il prétend régler, sur son idéal présent, l'existence de gens qui naîtront longtemps après qu'il sera mort. Puisqu'il s'inquiète de rendre meilleur un avenir dont il sera exclu, il faut bien admettre qu'il aime les hommes, tout au moins par un ricochet inattendu de l'amour de soi. C'est pour d'autres, proclame-t-il, qu'il s'échauffe. Il est donc altruiste et s'en glorifie, sans qu'à aucun moment la pensée le traverse qu'il puisse l'être à la façon de l'ours des jardins.

Des hommes de cette espèce, il y en a toujours eu. J'ajoute même : il est bon, il est excellent qu'il y en ait. Ils sont les ouvriers du progrès. Ne donnez pas à ce mot « progrès » plus de valeur que je ne lui en attribue. Le monde, obéissant aux lois internes qui le gouvernent, évolue suivant une certaine courbe. L'esprit, obéissant aux mêmes lois, évolue suivant une courbe parallèle.

---

16. — Rien de plus significatif que cette réflexion d'Israël Zangwill rapportée par Marcel Thiebaut (*En lisant M. Blum*, p. 105): « *Enlevez-moi l'espoir que je puis changer l'avenir et je deviendrai fou.* »

Que l'esprit, satisfait de cette concordance, nourrisse l'illusion d'avoir guidé l'évolution, je n'y puis rien, mais je ne partage pas cette présomption. Le progrès est chose très relative. Il n'existe pas en soi et le mot n'a de sens que par rapport aux préférences de celui qui en juge. Je l'emploie ici pour parler la langue du révolutionnaire. J'admets donc qu'il soit un des composants naturels de la vie sociale et joue le même rôle que certain instrument par trop bruyant qui, dans un orchestre, par un contre-point qui semble séditieux, concourt cependant à l'harmonie de l'ensemble.

Mais, — il y a un mais.

Si quelques révolutionnaires aiguillonnent une société apathique, des révolutionnaires trop nombreux, impatients, violents, qui veulent que tout cède immédiatement à leur idéal, au lieu d'exciter le progrès, le freinent.

Nous avons toujours eu en France un petit groupe actif de ces révolutionnaires-nés.

Ils ont été le plus souvent réduits à leur juste importance soit par l'autorité, soit par l'opinion. C'est seulement lorsque le pouvoir central est faible et la révolution à la mode qu'ils peuvent, comme en 1789, faire le tapage qui leur plaît.

Ces conjonctures ne se présentent pas tous les jours.

Ce qui est inquiétant, c'est le foisonnement des révolutionnaires. L'autorité alors est facilement débordée. Il arrive qu'elle devienne révolutionnaire elle-même. Alors, c'est un beau sabbat. Nous avons vu cela en 1936.

L'abcès « Front Populaire » était gonflé de pus.

Il s'est à demi résorbé en 1938. Je n'ose pas dire heureusement, car, s'il était resté virulent, nous y aurions sans doute porté le bistouri et nous nous serions épargné les désastres de 1940.

Ce qu'il faut ici retenir, c'est que, de 1840 à 1940, le nombre et l'activité des révolutionnaires se sont, en Europe, constamment accrus. Et je dis que l'esprit juif et la propagande juive sont à la base de cette amplification du mécontentement général.

Le messianisme.

Cet état d'esprit révolutionnaire que tout juif en naissant apporte avec lui, fut, on le comprend, général en Palestine. Aux derniers temps de l'indépendance juive, au temps du Christ, il a trouvé son expression dans ce qu'on a nommé le messianisme.

Il consistait en un magnifique rêve d'avenir fait par tout un peuple à la fois.

> *« Jérusalem deviendra une ville incomparable ; un culte sans défaut y déploiera ses pompes et Yahvé résidera vraiment sur la montagne de Sion, tous les Israélites dispersés se rassembleront... Le nouvel Israël atteindra une prospérité inconcevable. Ses enfants pulluleront et sa force lui, soumettra les nations... La loi d'Yahvé éclairera tous les peuples... Et ainsi la terre entière vivra dans le bonheur et la paix. Le sol multipliera sa fécondité, les animaux nuisibles changeront de nature ou disparaîtront. Chaque homme atteindra les limites de la vieillesse et —qui sait ? — la mort elle-même périra. Ou du moins la maladie, l'infirmité perdront leur pouvoir, et les hommes passeront dans la santé parfaite une existence qu'éclairera un soleil agrandi sept fois et une lune tout aussi brillante que le soleil d'aujourd'hui. C'est là le royaume messianique, qui est vraiment le règne de Dieu sur terre* [17]. »

On retrouve dans ce texte toute la psychologie du juif et du révolutionnaire. Le monde est mauvais. La nature est haïssable. Il faut réformer, refondre tout cela et arriver à une « renaissance du monde et de l'humanité : », en dépit du réel qui y fait obstacle.

> *« Les animaux changeront de nature... La mort elle-même périra. »*

Ce messianisme avait quelque chose de passif.

Le juif attendait ces miracles, non de sa propre puissance et de son propre effort, mais de la bonne volonté d'Yahvé. L'instrument de Dieu devait être une personne surhumaine, le Meschiah, le

---

17. — Ch. Guignebert, *Le Monde juif vers le temps de Jésus*, p. 168.

Messie. Mais de telles idées ne peuvent s'exalter sans que les esprits surexcités en viennent aux gestes.

> *« ... Cet état d'esprit engendra des mouvements populaires plus ou moins profonds, qui causèrent de grands maux à la nation juive et, finalement, furent l'occasion de sa ruine totale* [18]. »

Il faut lire le récit que Josèphe fait de cette catastrophe pour comprendre à quel point le peuple juif fut alors inconscient des réalités qui l'entouraient. Lorsque, pareil à l'acheteur d'un billet de loterie, il escompte un bienheureux avenir et goûte par anticipation, dans la féerie du rêve, tous les biens qu'il convoite, comment voudrait-on qu'il s'intéressât, si peu que ce fût, au présent et à ses exigences. L'assaillant qui, lui, ne rêve pas, arrivera toujours à l'abattre, malgré sa résistance désespérée, furieuse, inutile — idéaliste pour tout dire.

On sait que l'attente du Messie persista après la ruine du Temple et que, pendant tout le moyen âge et le commencement des temps modernes, les Juifs, à chaque instant, pensèrent voir apparaître le Sauveur. Quelques illuminés et quelques ambitieux profitèrent de ces dispositions et se donnèrent pour le Fils de l'homme annoncé par Daniel. On les crut, mais une déception douloureuse suivit chaque fois l'enthousiasme trop tôt déchaîné.

En tout cas, depuis qu'il est libéré du ghetto et vit en contact immédiat avec la civilisation européenne, depuis qu'il perd un peu plus chaque jour la foi en Yahvé, le Juif renonce à attendre l'envoyé d'un Dieu en qui il a cessé de croire.

Le messianisme a donc changé de forme. Il escompte toujours une transformation totale de la nature et de l'homme ; mais ce sont les conditions de cette transformation qui ne sont plus les mêmes.

Ici, il faut arrêter notre attention sur une rencontre cruciale qui a contribué plus que toute autre cause à modifier la figure du messianisme palestinien.

---

18. — CH. GUIGNEBERT, *Le Monde juif vers le temps de Jésus*, p. 200.

Le jacobinisme et le néo-messianisme.

Il existe, depuis bien des siècles, chez certains peuples européens — le phénomène est plus spécial aux Gréco-Latins — un ensemble d'idées auxquelles il convient de donner le nom de jacobinisme. Ses plus lointaines racines plongent dans le terrain de la philosophie grecque. Dans ce domaine, le jacobinisme doit un peu à tout le monde, mais surtout au stoïcisme. Il a fait siens deux sentiments particuliers aux disciples de Zenon, lesquels sentiments sont restés comme les deux pierres d'angle de son édifice doctrinal : le sentiment de l'unité fondamentale de la catégorie de l'humain ou, si l'on aime mieux, celui de l'universalité de la cité politique — *civis sum totius mundi*, je suis citoyen du monde — le sentiment aussi de la valeur, incommensurable à toute autre, de la personne humaine — *caritas generis humani*.

La Renaissance éveille ces idées endormies pendant mille ans. Elles se raniment peu à peu et, en coopération avec d'autres, suggérées par le rapide avancement des sciences — la raison est infaillible... L'homme est indéfiniment perfectible — entraînent les Français dans cette folle équipée qu'on appelle la Révolution de 89. Là se produit la jonction du jacobinisme et du messianisme.

On peut prévoir la combinaison que vont donner ces éléments subitement mis en présence.

J'esquisse seulement les principaux traits qui marquent cet ensemble de sentiments et d'idées qu'on peut appeler très justement le néo-messianisme.

Apport jacobin :

1° *La raison est infaillible.* Elle s'authentifie et se garantit elle-même, malgré le cercle vicieux que constitue cette opération.

2° *L'homme est indéfiniment perfectible.*

3° *La valeur de l'homme réside dans le fait même qu'il est homme.* Tout homme est donc toujours égal à un autre. Démocratie, anarchie.

Apport juif :

4° *Les idées sont supérieures aux faits.* L'idée de justice doit prendre la direction du monde. Fiai justifia. Pereat mundus. Que justice se fasse, le monde dût-il en périr. La paix doit s'imposer à la guerre, le droit à la force.

5° *Le Messie n'est plus un être personnalisé.* C'est l'humanité mène, l'humanité entière qui prépare le règne de Dieu. L'homme père des idées, dans un avenir qu'il dépend de la raison de rendre proche, doit réaliser sa perfection.

6° *L'homme est Dieu en devenir.* Les temps se termineront par une ère d'éternelle perfection qui sera le règne de Dieu, c'est-à-dire de l'homme déifié.

7° *Nul n'a le droit de faire obstacle à l'avènement de la Perfection.* C'est le péché contre l'Absolu, le péché inexpiable du Méchant. Il faut forcer les temps à s'accomplir par une sommation permanente, impérative, violente, qui est la Révolution.

Tels sont les dogmes du néo-messianisme. Ils ont le pouvoir des « vérités » religieuses : ils rencontrent, chez les adeptes, une créance aveugle, opiniâtre, agressive et suscitent des martyrs. La religion messianiste se défend d'avoir des rites et des prêtres et c'est exact, à moins qu'on ne veuille ne criez pas au paradoxe — tenir la Franc-Maçonnerie pour le département sacerdotal et officiant de la secte.

Caractère fatal de l'idéalisme juif.

Notez que l'apport jacobin et l'apport juif diffèrent par un caractère digne d'être noté. L'apport jacobin est de nature intellectuelle ; l'apport juif, de nature plutôt sentimentale.

Les valeurs jacobines se réclament de la raison, et la raison effectivement est responsable d'elles. Le langage possède des formules pour les exprimer. Elles peuvent être enseignées. Elle peuvent être ruinées par une controverse serrée. Elles sont susceptibles de varier comme toutes les solutions que la raison apporte aux problèmes qui sortent du domaine des sciences exactes. Elles obéissent à des courants d'opinion qui peuvent les mettre à la mode ou les condamner à l'oubli. Quand elles sont à leur point de diffusion maxima et d'autorité culminante, elles font figure de croyances et suscitent une foi aveugle. Mais, quand elles sont sérieusement attaquées, elles se dissolvent avec plus ou moins de rapidité, suivant le pouvoir d'expansion des valeurs nouvelles qui tendent à les remplacer. Naturellement, le nombre de leurs adeptes passe par toutes les variations possibles entre zéro et l'unanimité.

Les valeurs juives, du moins les valeurs raciales que j'ai en vue ici, prennent naissance dans les couches souterraines de l'âme. Chez les juifs, elles sont inconscientes. Elles ne peuvent donc nullement s'inquiéter de se mettre en accord, même passager, avec la raison. Toute discussion échoue sur ces convictions irraisonnées. Elles s'insinuent d'un esprit à un autre, non par des arguments, mais par des images, des commotions de la sensibilité, en utilisant instinctivement certaines affinités qui commandent la psychologie des foules. Elles sont douées d'une pérennité singulière, puisqu'elles n'ont pas changé depuis le roi David. Enfin, et surtout, tous les Juifs en sont imbus, inégalement sans doute, mais aucun n'en est totalement exempt. En tout cas, le nombre de ceux chez qui elles bouillonnent est infiniment supérieur à celui de ceux chez qui elles stagnent paisiblement.

En passant dans les consciences européennes, de « senties », elles deviennent « pensées ». Elles endossent des formes verbales sous lesquelles les Juifs les retrouvent, les adoptent et les propagent, sans même les reconnaître au passage comme leurs.

Les valeurs jacobines et les valeurs juives, en se rencontrant, se sont fortifiées et renforcées. Le jacobinisme, sans l'appoint juif, serait mort ou agonisant. Sans le concours jacobin, le judaïsme aurait à peine franchi le seuil des sociétés européennes. Sa menace serait encore lointaine. Le jacobinisme intellectualiste a servi d'interprète au judaïsme. Le judaïsme véhément a passionné le jacobinisme.

Leur combinaison a fait notre malheur.

Virulence du messianisme.

En effet, si l'esprit messianique — celui qui s'enflammait au premier siècle, dans l'attente d'un Messie personnel — a été la cause majeure de la disparition de l'État juif, le néo-messianisme a été la cause de l'effondrement des régimes libéraux, constitutionnels ou démocratiques sur le continent européen.

Tout État où s'infiltre le virus judéo-jacobin est aussitôt divisé, miné, affaibli.

> *Divisé.* Ce virus humanitaire a ce trait, bien juif, de constituer ceux qu'il intoxique amis de la collectivité humaine dans son ensemble, ennemis fanatiques de certains hommes en particulier. Une grande haine de beaucoup compense un vague amour de tous. Or, la haine répond toujours à la haine. La « lutte de classes » met des armes dans toutes les mains.
>
> *Ruiné.* Toute lutte entraîne une destruction de richesses. Les partis vaincus payent des tributs. D'autres font d'immenses sacrifices de fortune pour paralyser l'adversaire. Et puis, il y a le découragement de l'épargne et les dilapidations démagogiques.
>
> *Affaibli.* Le messianisme déprécie le courage et condamne l'usage de la force, du moins entre nations. Préparer la résistance aux agressions extérieures est une œuvre impie, il ne faut compter que sur le Droit.

L'État, ainsi contaminé, ne peut être sauvé que par un sursaut intérieur qui redonne, avant qu'il soit trop tard, aux valeurs européennes, le pas sur toutes les autres. Ce sursaut a sauvé l'Italie, l'Allemagne, l'Espagne. Si peu qu'il tarde, le pays malade est rapidement abattu par ceux qui ont recouvré la santé.

La nécessité d'éteindre un foyer de subversion épidémique justifie assez cette intervention. Ainsi, quand il faut lutter contre la peste, on ne s'occupe guère des convenances individuelles. Le salut de la collectivité est la loi suprême. Nous, Français, nous nous sommes perdus pour ne pas avoir réagi à temps.

Responsabilité individuelle des juifs.

Dans tout ce qui précède, on voit les responsabilités du Judaïsme. Mais le judaïsme est une abstraction. Il est plus intéressant de se demander quelle est la responsabilité des juifs pris individuellement.

Si j'en crois les moralistes, les éléments constitutifs de la responsabilité morale sont :

1° la connaissance de la faute, et
2° la liberté de ne pas la commettre. L'attentat juif contre la civilisation européenne répond-il à ces conditions ?

Entretenez un tenant non-juif du Front Populaire. Tâchez de lui montrer ses torts. Il ne fuira pas la discussion. Il utilisera toutes les ressources de sa logique. Assurément vous parlez à un homme qui a la foi et que la foi égare. Mais, tant qu'il le pourra, il apportera à sa foi le concours de sa raison.

Mettez un juif sur le même sujet.

Il ne vous comprendra pas. Il fuira, ne combattra pas. Il en serait, d'ailleurs, bien empêché, car il est littéralement sourd à vos arguments. On est frappé, si peu qu'on étudie la propagande et l'action des Juifs, de l'extrême faiblesse de leurs exposés théoriques. Il faut mettre à part Karl Marx, qui nous a laissé une œuvre prolixe qui ne semble point pécher par le manque de système. On soutient qu'il n'a ni inventé la lutte de classe, ni prêché la révolution. Il n'aurait que *constaté* objectivement, scientifiquement, moralement. *Amoralement*, non. Dans tout texte, il y a ce que l'auteur a conscience et volonté d'y mettre, mais aussi ce qu'il y met inconsciemment. Or, il n'est pas une page de Marx où, sans même qu'il s'en aperçoive, l'idée morale ne passe la tête entre les lignes. En veut-on un exemple ?

> « *L'histoire de toute société jusqu'à nos jours,* dit Marx dans le Manifeste communiste, *n'a été que l'histoire de luttes de classes. Homme libre et esclave, patricien et plébéien, baron et serf, maître de jurande et compagnon, en un mot oppresseurs et opprimés...* »

Il emploie d'abord des termes qui qualifient habituellement certaines catégories sociales historiques. Très bien. Mais, dès qu'il veut résumer, il cesse d'être objectif. Il ramasse toutes ces catégories et les enfonce dans deux grands sacs à lui portant des étiquettes bien apparentes les oppresseurs, les opprimés, — les méchants, les justes.

Ainsi procèdent tous les esprits juifs. Ils présentent le plus beau cas de bovarysme qu'on ait jamais vu. Leur aptitude à se concevoir autres qu'ils ne sont est véritablement sans limites. Ils ne nous comprennent pas parce que nous ne parlons pas la même langue. Réalité, nature, ordre, justice sont des mots qui leur sont connus. Le malheur, c'est que, sous ces mots, eux et nous, ne plaçons pas du tout les mêmes choses.

Je crois avoir, par les considérations qui précèdent, répondu implicitement à la seconde question concernant la responsabilité des Juifs. Ils n'ont pas pu agir autrement qu'ils n'ont fait, puisqu'ils n'ont jamais eu le choix entre les deux branches d'une alternative qu'ils n'ont jamais perçue.

En obéissant aux impulsions de leur nature, ils ont suivi la seule voie qui leur était ouverte. Le malheur est que, par une fatalité vraiment tragique, ce que cette nature leur commande possède la propriété singulière de conduire à la mort les sociétés au milieu desquelles ils vivent.

———◆———

Chapitre VI

L'ACTION JUIVE DANS LE MONDE CONTEMPORAIN

Les valeurs juives ont par deux fois entrepris la conquête des consciences européennes. Une première fois, lorsque le christianisme s'est répandu sur la totalité du monde gréco-latin. Mais ce fut alors par personne interposée. Après le Christ et les premiers apôtres, le christianisme cessa d'être juif par les hommes, s'il le fut encore par les sentiments et les idées. Mais portait déjà en lui assez de nouveautés non-juives pour que la Synagogue ne le reconnût plus. Il n'était qu'une progéniture reniée et maudite.

A la Renaissance, il se dépouilla presque entièrement de ce qui lui restait d'hébraïque, et ce premier assaut, qui n'avait même pas été livré par des juifs, se trouva repoussé.

Mais, à partir de la Révolution française, l'émancipation ayant rendu aux juifs la liberté de penser, de parler et d'écrire, ils commencèrent à répandre je ne dirai pas leurs idées, mais leurs préférences et leurs aspirations. Sans qu'il y ait eu plan établi, rien qu'en suivant leurs inclinations naturelles, ils modifièrent peu à peu notre atmosphère sociale.

En vérité, l'action fut réciproque. Nos sciences, notre positivisme se sont imposés à leurs esprits et ont lentement ruiné leur foi mosaïste en Yahvé, mais non leur aptitude à croire. Une autre foi, la foi messianiste, s'est substituée à celle qui disparaissait et, cette foi nouvelle, ils l'ont communiquée à leur entourage.

Cette seconde conquête est beaucoup plus ambitieuse et plus dangereuse que la précédente. Il n'y a plus de synagogue pour répudier la religion nouvelle.

Les néo-messianistes continuent l'esprit juif, l'âme juive, la race juive.

Ce n'est pas un rameau détaché, c'est la floraison mémo du vieux tronc judaïque. Israël ne poursuit pas sa vie en dehors du messianisme. Il s'y incorpore ou, plutôt, par le messianisme, réalisant le vœu des prophètes, c'est le monde qui s'incorpore au judaïsme.

Et tout cela, je le répète, ne s'accomplit pas par l'effet de volontés qui se sont concertées, mais par l'effet d'une pression involontaire et constante, parce que chaque juif est un prosélyte, un centre d'attraction, et que l'idéalisme, par lui-même, opère une sorte de fascination dont on se défend difficilement, même lorsqu'elle vous tue.

Les juifs l'ont emporté malgré leur petit nombre parce qu'ils ont pesé d'un seul côté de la balance. Si toutes les luttes sociales se réduisent, comme le voulait Auguste Comte, à un conflit entre l'Ordre et le Progrès, il faut noter comme un fait capital et singulier, qui ne souffre aucune exception, que *tous* les juifs, depuis leur émancipation, ont toujours été du côté du Progrès contre l'Ordre. Et cela prouve qu'ils ne sont pas assimilés. S'ils l'étaient, ils seraient comme les Français eux-mêmes, dans un camp ou dans l'autre, suivant leurs intérêts, leur éducation ou leurs dispositions individuelles. Non. Ils sont dans un seul camp, celui qui leur est assigné par le destin de leur race.

Je ne pense pas à nier, cependant, que les juifs se soient aperçus — il n'y a pas longtemps — de leur triomphe, qu'ils en aient conçu beaucoup d'orgueil et qu'ils aient songé à en tirer gloire et profit.

Pendant soixante-quinze ans ils ont sincèrement cru qu'ils s'assimilaient. Depuis cinquante ans, ils ne peuvent pas ne pas voir que c'est nous qui nous assimilons à eux.

Rien d'étonnant à ce qu'un flot d'orgueil leur soit monté à la tête.

Une histoire à écrire.

Nul n'a songé à raconter les cheminements de l'esprit juif dans les consciences européennes. J'ai esquissé ce travail dans un autre ouvrage en citant quelques noms. Mais, même en ne considérant les pages que j'ai consacrées à se travail que comme un index des noms cités, les lacunes y sont énormes, je n'ai pas parlé, par exemple, de la Révolution de 1830 en France. Je n'ai pas dit que, sur les barricades, on voyait déjà un avocat, Philippe Anspach ; un polytechnicien, Alphonse Cerfbeer ; un banquier, Michel Coudchaux.

Parlant de la Révolution de 1848, je n'ai cité ni Ludwig Boerne, ni Karl Beck, ni Ludwig Bamberger, qui fut condamné à mort, en 1849, dans le Bas-Palatinat, mais s'évada. Je n'ai cité ni Arthur Bernstein, qui se tira d'affaire avec quatre mois de prison ; ni Moritz Hartmann, qui, en 1848, s'échappa de Francfort avec Robert Blum et Frœbel, mais qu'on retrouve, en 1849, avec les révolutionnaires de Bade.

Avant la guerre de 1914, le monde s'est largement ouvert aux idéaux judéo-jacobins. Israël a gravi tous les échelons qui mènent aux hautes altitudes sociales et, cela, dans toute l'Europe occidentale et même en Amérique. Il ne manque qu'une occasion pour que s'affirme son triomphe total.

Lorsque se dissipent les gaz et les fumées de la Grande Guerre, l'Europe n'aperçoit devant elle que des territoires ravagés, couverts de décombres et de cadavres. Elle commence à peine à enterrer ses morts et à relever ses ruines que déjà les Juifs sont installés ou représentés dans tous les postes de commandement.

C'est, chez les peuples vaincus, dans le désarroi de la défaite, que tout d'abord ils arrivent à se hisser au pouvoir.

Israël dans l'Europe orientale et centrale.

En Russie.

Le marxisme s'est assis sur le trône des Romanof dès 1917. Spécifiquement juive par les, doctrines, par les hommes qui l'ont conçue et exécutée, par ceux qui sont à la tête du nouvel ordre de choses, la révolution bolcheviste change complètement la face de l'Europe. Elle prend, en effet, figure d'un atelier, producteur de désordres, dont l'activité principale est d'exporter les produits qu'elle fabrique le communisme, l'émeute, la guerre...

Pour avoir une idée claire du rôle joué par les Juifs dans la politique européenne, il faut considérer la place immense qu'ils tiennent dans les partis et les gouvernements, comparés à la place exiguë qu'ils tiennent dans la population. Ils représentent un peu plus de 2 p. 100 du peuple russe. Cependant, dans la réunion clandestine qui décide l'insurrection, le 10 octobre 1917, sur treize assistants, il y a sept juifs Trotsky, Sverdlov, Sokolnikof, Ouritsky, Zinovief, Kamenef, Radek (51 p. 100). Après la prise du pouvoir, ils sont six sur les dix membres qui composent le Bureau Politique du Parti Communiste et le Centre militaire, les deux organismes qui disposent de la force publique et détiennent l'intégralité du pouvoir effectif (60 p. 100) . Dans les années qui suivent, les juifs figurent pour 75 p. 100 dans le personnel des administrations soviétiques [19].

Les dix premières années du régime bolchévik virent le plus considérable progrom que l'histoire ait jamais enregistré, mais ce ne furent pas les juifs qui en furent les victimes. La révolution fit 'ris, par la guerre civile, l'exécution et la famine, plus de cinq millions de Russes et, parmi eux, la totalité de la classe bourgeoise adulte.

---

19. — Depuis cinq ou six ans, la prépondérance juive a été en décroissant. Il semble même que la Russie soit en proie à une véritable crise d'antisémitisme. Elle est revenue à ses traditions nationales, et, en se déjudaïsant, elle s'est revigorée.

En Bavière.

Le judaïsme s'établit à Munich en 1918, avec le socialisme et, bientôt après, le communisme. Kurt Eisner, Toller, Jaffé, Landauer, Ret Maru, Simon Sontheimer, Mühsam, Fechenbach, tous juifs, sont à la tête du mouvement. Le 30 avril 1919, sur l'ordre de trois missionnaires juifs du gouvernement russe, Tobias Axelrode, Eugen Léviné, Max Levien, on fait un horrible massacre des otages non-juifs détenus au Lycée Léopold.

En Hongrie.

Même histoire. Un gouvernement communiste s'empare du pouvoir, le 22 mars 1919, à Budapest.

Vingt-six commissaires du peuple le composent, sur lesquels dix-huit sont juifs. Énumérer encore des noms serait vite fastidieux. Je dirai seulement que l'un d'eux, Tibor Szamuely, accompagné d'agents d'exécution également juifs, faisait des tournées dans la province hongroise, procédant chaque jour à des exécutions de paysans. On les aligne devant la voie ferrée et, du train en marche, on les extermine à la mitrailleuse. Soixante et un à Dupénataï, quatre-vingt-sept à Szolnak, vingt à Kolosca, quatre-vingts à Debreczin. A Ersenotach, on noie ; ailleurs, on pend. Le régime dura cent trente-trois jours et coûta la vie à dix ou quinze mille Hongrois.

En Allemagne.

La défaite entraîne la décomposition spontanée de l'armée et une anarchie civile dont les Juifs ne tardent pas à profiter. La République de Weimar compte des juifs dans tous les gouvernements fédérés. Ce n'est pas assez. Le parti spartakiste veut infliger à l'Allemagne un communisme à la mode bolcheviste. Une Juive, Rosa Luxembourg, et un juif, Karl Liebknecht, soulèvent les ouvriers de Berlin, mais périssent avant d'avoir réussi. La république allemande, jusqu'à 1933, ne connaît qu'une sécurité précaire, mollement défendue par des Juifs de gauche contre des juifs d'extrême gauche.

Israël dans l'Europe occidentale et l'Extrême-Occident.

En Italie.

L'emprise juive est moins rapide et moins totale. Ce pays connaît toutefois, en 1920, des troubles graves. Le communisme multiplie les grèves, les occupations d'usines, sous la bannière rouge de la révolution. Les Juifs peu nombreux que compte l'Italie sont d'humeur moins subversive qu'ailleurs. Néanmoins, c'est un Juif, Claudio Trêves, qui, là encore, est le meneur de jeu.

En Grande-Bretagne.

Les peuples anglo-saxons ont subi de profonds changements depuis les soixante ou soixante-dix dernières années.

L'Angleterre, comme la France, comptait au XVIIe siècle peu de Juifs. Mais elle a été lentement et continûment envahie pendant le XIXe siècle. Sa population juive a passé de 50.000 en 1880 à 333.000 en 1933. Elle compte pour 0,7 p. 100 dans la population totale. Les Juifs occupent aujourd'hui les plus hauts emplois dans les sphères dirigeantes du Royaume Uni.

La Grande-Bretagne reste, parmi les nations occidentales, celle qui conserve le mieux le sentiment de l'ordre et sur laquelle les doctrines subversives ont le moins de prise. Le socialisme, comme ailleurs, y a fait des progrès, mais il y demeure plutôt syndicaliste que doctrinaire. Dans son ensemble, malgré les communistes qu'il compte, le socialisme anglais n'est pas révolutionnaire.

Aux États-Unis.

Dans aucun pays, les hommes n'étaient, vers 1850, aussi égaux en droits et aussi dédaigneux des titres, des dignités, des honneurs, de tout ce qui pouvait créer entre eux des distinctions définitives, indépendantes du mérite réel. Mais aussi, dans aucun pays, la valeur personnelle ne créait d'aussi grandes différences entre les hommes. En réalistes, pour qui ce qui est objectif est seul digne d'attention, les Américains ne reconnaissaient pour critérium de la valeur que le succès et pour preuve du succès que l'argent.

Nulle part la chance et les capacités n'étaient donc plus respectées.

L'État y pratiquait comme une chose naturelle la théorie du :

« *Laissez faire. Laissez passer.* »

L'individu le principe :

« *Enrichissez-vous.* »

La réussite des systèmes socialistes paraissait incompatible avec un individualisme économique aussi entier.

Aussi n'est-il aucun pays au monde où les progrès que l'on peut attendre de l'initiative individuelle aient été aussi rapides, aussi éclatants. Les lignes ferrées nouvelles s'élançaient dans les champs, l'électricité coulait à pleins bords de chutes d'eau aussi hautes que des montagnes, des immeubles cyclopéens surgissaient de terre comme des jets d'eau.

Les caractères étaient à la hauteur de ces travaux. L'Américain était un homme. Il ne vivait avec fermeté et honnêteté que de production et d'échange. L'individu était digne de la liberté et l'État respectait l'individu.

Hélas ! L'esprit américain s'est depuis bien dégradé. On commence à penser là-bas, comme en Europe, qu'user de sa chance et de ses capacités, c'est commettre une « injustice » à l'égard de ceux que la nature a moins favorisés.

Cette transformation morale s'est poursuivie parallèlement à une très forte immigration, qui faisait passer la population juive de 10.000 environ en 1825 à 4.500.000 en 1933. La proportion des Juifs à cette dernière date, était de 3,5 p. 100 dans la population totale, de 16,7 p. 100 dans l'État de New-York et d'environ 30 p. 100 dans la ville de New-York même. La très grande majorité des juifs immigrés provenait de l'Europe centrale.

Leur influence sur la classe dirigeante est considérable, car ils ont pris, là comme partout ailleurs, une place prépondérante dans la banque, le commerce, les professions libérales et la politique. Leur influence sur la classe ouvrière n'est pas moindre. Au lieu d'aligner des noms propres, j'aime mieux dire quelques mots d'Emma Goldmann.

Emma Goldmann débarque à New-York, quatorze ans, venant de Russie. Mais les conditions de la vie aux États-Unis ne sont point à son goût. Elle entreprend, avec une foi orgueilleuse, de les réformer. A dix-neuf ans, en 1888, elle commence à prêcher l'anarchie. Associée à un nommé Berkmann, juif comme elle, elle poursuit cet apostolat jusqu'en 1919, où elle revient en Russie, appelée par les Bolchevistes triomphants. Pendant ces trente ans, il ne s'est pas écoulé une heure qu'elle n'ait travaillé, au milieu de mille vicissitudes, la prison, la misère, voire la prostitution à laquelle elle s'était un moment résolue, à créer des groupes, à former des disciples, à répandre le mécontentement et la rébellion.

C'est une vie entière consacre à bouleverser celle, des autres.

Naturellement, lorsqu'elle gagne à ce jeu deux années de détention, c'est un autre Juif des hautes couches sociales, le bien connu L.-D. Brandeis, juge à la Cour Suprême, qui sollicite la révision du procès.

Aujourd'hui, l'esprit juif imprègne toute la vie américaine. Le maire de New-York, La Guardia, est juif. Le président Franklin Roosewelt, en qui coule, dit-on, un filet de sang juif, est tout au moins l'élu des Juifs. Il pratique un socialisme larvé qui désole les vieux libéraux et dont le résultat le plus clair est d'avoir fabuleusement endetté le pays. Entre l'individu et l'État, un courant de corruption s'est établi. Ce sont, comme en France, mais à un degré moindre, de singuliers compromis entre le messianisme attendri, la sociologie du cœur et le plus immonde esprit de combine.

La France.

Mais c'est encore en France que l'action juive s'exerce avec le plus de succès. Aussi est-ce la France qui, la première, devait payer ses fautes. Mais toutes nos démocraties payeront à leur tour. Il existe malheureusement entre ces régimes et l'esprit d'Israël une admirable affinité.

Quand je parle des vices de la démocratie, je pense aux démocraties modernes issues de la Révolution française, je pense surtout à la nôtre. Mais je ne condamne pas tous les régimes qui portent ce nom. Je n'ai de préférence définitive pour aucun régime. Je ne crois pas à la vertu magique des constitutions. Une même organisation politique peut être excellente pour un peuple à un moment donné, détestable pour un autre. Les régimes et les gouvernements ne valent que ce que valent les hommes. On a vu des républiques despotiques et des monarchies débonnaires. Cependant je tiens pour une vérité d'expérience que les Français de notre temps font le plus mauvais usage de leur démocratie. Les responsabilités du pouvoir n'y échoient qu'à des hommes soigneusement sélectionnés — sottise et corruption pour leur inaptitude radicale à gouverner et le sens très sûr qu'ils ont de la priorité de l'intérêt particulier sur l'intérêt général.

Je ne m'étendrai pas. Bien d'autres ont fait le procès de notre démocratie, ou plutôt de notre esprit démocratique, et mieux que je ne saurais le faire.

Émile Faguet, par exemple, a fort bien dépeint notre rage d'égalité, notre manie d'anticléricalisme, notre « culte de l'incompétence » et notre « horreur des responsabilités. »

Que les valeurs juives dont notre atmosphère est saturée soient, pour une part immense, les causes de notre déliquescence actuelle, cela me parait l'évidence même. Elles ont circonvenu simultanément chez nous les classes dirigées en leur soufflant l'indiscipline et la révolte, et les classes dirigeantes en les amollissant jusqu'à capituler devant le désordre social.

Bilan de l'action juive en France.

D'après Arthur Ruppin [20], les juifs constituent 0,5 p. 100 de la population française en 1931. Aujourd'hui, ce rapport doit se rapprocher de 1 p. 100, peut-être le dépasser, si l'on y comprend les Juifs non naturalisés qui résident chez nous.

---

20. — ARTHUR RUPPIN, *Les Juifs dans le Monde moderne*, p. 33.

Il n'en est pas moins vrai que, lorsque le socialiste Léon Blum arriva au pouvoir, ce sont les juifs qui gouvernèrent avec lui, car il se présenta au pays avec près de 20 p. 100 de juifs dans l'état-major gouvernemental. Au dernier congrès radical de Marseille (27 octobre 1938), sur les 52 délégués de la Fédération de la Seine, vingt-quatre étaient juifs... On voit quelle place ils tenaient, au moins par leur nombre, dans la politique française.

Quelle était leur position dans les partis ?

Il ne s'en trouvait que dans les partis de gauche et à la gauche de ces partis. Ce sont eux qui ont cimenté le front populaire et qui, après les épreuves subies, lui gardent encore le plus fidèle souvenir. Leur densité maximum était à la gauche du parti socialiste. Au point de vue des opinions, ils ont ce caractère commun à tous, de nourrir une haine inextinguible contre les dictatures, qu'ils confondent sous le nom générique de fascisme. Fasciste était devenu, pour eux, l'épithète péjorative omnivalente. Lorsqu'un égout était puant, on disait il est fasciste.

Pourquoi cette haine ? Naturellement parce que les dictatures sont antisémites, mais surtout parce qu'elles sont la force et que les Juifs exècrent la force. Jusqu'à ce jour, ils ont détesté Mussolini beaucoup plus qu'Adolf Hitler, ce qui est assez étrange, puisque Mussolini ne s'est déclaré antisémite que depuis quelques mois et que, depuis seize ans, l'Hébraïsme mondial ne cessait de lui crier son hostilité. Israël ne peut oublier sans doute que Rome est l'antique ennemie de Jérusalem et que ces deux villes symbolisent, celle-là, la force européenne, celle-ci, la justice revendicatrice juive. Tous les Européens ont plus ou moins été conquis par Rome. Ils n'en ont pas gardé tant de rancune.

Les juifs obéissent à l'impulsion de cette haine avec une tragique témérité. La passion affaiblit encore leur prévoyance déjà faible. Avec une extraordinaire mésintelligence de leurs intérêts, ils nous ont aliéné l'Italie lors de la guerre d'Abyssinie, il nous ont aliéné l'Espagne lors de la guerre civile. Ils recueillent aujourd'hui les fruits de cette imbécile hostilité.

Ils nous consolaient en nous affirmant que le Droit était de notre côté. Lorsqu'on a le bonheur d'avoir pour soi les Juifs dont la cause s'identifie avec le Droit, s'armer est une prudence superfétatoire et un peu méprisable. Du moins doit-on toujours se tenir, pour faire hommage au Droit, d'un large degré au-dessous des armements dont les Forts s'enorgueillissent.

Ils ont insufflé cette mystique aux démocraties occidentales, lesquelles à leur tour ont essayé de l'imposer au monde. De là la Société des Nations et le trompe-l'œil de la sécurité collective. Mais sans doute ces belles idées n'étaient-elles pas en harmonie avec le génie européen, puisque la S.D.N. et la sécurité collective ont fait, en quelques mois, la plus éclatante faillite.

Nous avons vécu, pendant les vingt dernières années, dans une atmosphère d'ententes, de conférences, de pactes, de congrès internationaux, c'est-à-dire selon une conception parlementaire des rapports entre les peuples. Tout cela aboutissait, en dernière analyse, à confier à autrui le soin de notre défense, — idée agréable à des esprits sans courage, mais qui aurait fait rire nos grands-pères païens et frémir de colère nos pères, les chevaliers du moyen-âge.

Ce n'était pas assez de nous désarmer. Les Juifs nous ont encore divisés et ruinés.

> *Divisés ?* — La France, à partir du règne de Léon Blum, n'a-t-elle pas été partagée en deux camps, n'était-elle pas plus ou moins en état de pré-guerre civile comme l'Espagne en 1935 ?
>
> *Ruiné ?* — Le bilan du Front Populaire en dit assez long. — Cinquante milliards d'inflation. — Quarante-trois milliards d'emprunts. — Trente-cinq milliards de papier monnaie. — Dix-sept milliards d'impôts nouveaux. — Trois dévaluations octobre 1936, juin 1937, juillet 1938. — La livre anglaise passée de 75,50 à 178,70. — Les stocks d'or de la Banque tombés de 3.800 tonnes à 2.300.

Après nous avoir ainsi désarmés, divisés, ruinés, on les voit encore, pour l'accomplissement de la justice juive, nous exciter à la guerre contre leur ennemi, le fascisme.

Chapitre VII

LE PROBLÈME ET SA SOLUTION

J'AI dit combien les Juifs étaient inaptes à discuter l'antisémitisme. Ils ne veulent savoir et effectivement ne savent qu'une chose, c'est qu'ils sont persécutés. En Russie, en Hongrie, en Bavière, en Allemagne, ils étaient, disent-ils, persécutés. Ils ne commandaient ni les événements, ni les personnes. Ils se défendaient, car partout, ici, là, il y a des « fascistes » qui ne demandent qu'à les réduire en chair à pâté.

Qui a commencé ?

Ils ont des ennemis sans doute... Mais depuis quand ? Les Juifs avaient-ils en France des ennemis avant le Front Populaire ? Je demande qu'on prenne en mains les annuaires et qu'on cherche, par exemple, le pourcentage des médecins et des avocats juifs qui figurent dans ces professions et l'importance des places qu'ils occupent. On le constatera 400.000 Juifs tiennent autant de place que 40.000.000 de Français. Est-ce de quoi se plaindre ? Où M. Blum a-t-il pris le droit de nous haïr ? Est-ce au Conseil d'État où nous l'avons admis à l'honneur rétribué de nous juger ? Et, puisque sa cause est celle des ouvriers, sont-ce des ouvriers juifs qu'exploitent les patrons français ? Des ouvriers juifs ? Il faudrait qu'il y en eût.

D'ailleurs toute argumentation à ce sujet est vaine. Cette façon de présenter les rapports entre Juifs et Européens comme une vendetta immémoriale peut servir les uns et les autres, suivant la phase de ce long drame à partir de laquelle on fait arbitrairement courir les responsabilités. C'est la vieille question : qu'y eut-il à l'origine, la poule ou ?

Si l'on remonte au début de la mésentente. On peut dire aux Juifs :

« Tiens ! Tiens ! Par quel hasard êtes-vous sur notre territoire ? La faute initiale est d'avoir pénétré chez nous, qui ne vous avions pas appelés. Notre premier acte de bienveillance, C'est de vous avoir tolérés. » — Et la réponse est péremptoire.

Si j'étais juif, je l'aurais constamment présente à l'esprit et je craindrais constamment qu'on me la fasse. Mais, voilà, je ne suis pas juif.

Ne remontons donc pas si loin dans le passé. Cela ne sert à rien. Il faut prendre les choses à l'anneau de la chaîne auquel nous sommes arrivés. Les hôtes des Juifs ne peuvent plus les supporter, parce que les Juifs ont déjà assez cassé dans la maison.

Le juif, éternel vaincu.

En manifestant cette humeur fracassante, c'est un combat qu'ils ont engagé contre nous. Combat stupide qui ne pouvait les mener à aucune victoire. Que les Juifs y prennent garde, ceux, du moins, qui, en d'autres démocraties, jouissent encore de leur récent triomphe. Les phénomènes sociaux sont conduits par une inflexible fatalité. Le mystérieux mécanicien qui mène les événements a renversé la vapeur. Désormais, cette fatalité joue contre eux. Un indifférent, devenu antisémite, meurt antisémite et fait des antisémites. En sens contraire, révolution est plus lente. Il faut quatre ou cinq générations d'innocuité juive pour que l'antisémitisme se dilue au point de n'être plus perceptible... Et il en reste indéfiniment des traces.

Voilà pourquoi cette bataille du XIXᵉ siècle est déjà perdue pour eux. Comme toutes celles qu'ils pourraient livrer dans la suite.

Les Juifs ont des victoires faciles. Leur idéalisme, je l'ai dit, est fascinant et contagieux. Les valeurs raciales des autres peuples se replient devant lui. Mais ce triomphe n'est jamais durable. Car l'idéalisme juif est aussi incapable de défendre ses positions trop antinaturelles que les Juifs eux-mêmes le sont de défendre un territoire national. Le réveil est toujours brutal.

D'ailleurs, que prétendent-ils apporter au monde ?

La justice et le progrès ? — Ils ne les apportent pas. Mais les apporteraient-ils qu'ils ne triompheraient pas encore, car le monde peut vivre sans justice et sans progrès, mais il ne peut vivre sans ordre.

Justice ? — Quel que soit le sens qu'on donne à ce mot, le monde a toujours vécu sans justice et il n'est pas mort.

Progrès ? — Si le monde s'était immobilisé un moment quelconque de son histoire, il n'en aurait pas moins survécu et les enfants n'en auraient pas moins ri, et le filles pas moins dansé, et les garçons pas moins embrassé les filles.

Par contre, le monde ne peut pas vivre sans ordre, en état de révolution permanente. Il faut que la farine arrive chez le boulanger et cela tous les jours. Il ne faut donc pas brûler la moisson, tuer l'âne, faire sauter le four et le moulin.

Cette nécessité de l'ordre est telle que l'humanité y revient en grande hâte dès qu'elle s'en est écartée un instant. Ses accès de démence sont courts. Les Juifs ont mis en marche une machine que rien ne peut arrêter. Ils ont le bras pris dans l'engrenage. Le corps y passera certainement, à moins qu'ils ne se coupent le bras. Mais, obstinés jusqu'à la mort, et contre toute raison, les Juifs ne cèdent jamais qu'au fait accompli.

Les juifs, hélas ! sont des maniaques de la refonte de l'univers, des persécuteurs persécutés, qui se connaissent en tant que persécutés, mais s'ignorent en tant que persécuteurs. Ils n'ont pas perdu pour cela la faculté de souffrir. Je ne peux pas l'oublier et j'éprouve pour eux une immense pitié. Une immense pitié pour tous. Je plains le plus insolent, le plus riche, le plus intelligent. J'ai déjà exprimé ce sentiment qui reste le plus fort en moi [21].

Mais ils n'ont que faire — je les entends — de cette pitié qui les offense. Ils ne demandent que la «justice», et ils se rengorgent sur leur sanglot... Pauvres bougres !

Peuple à la nuque raide ! Si, un jour, un seul jour, dans leur histoire, on les avait vus vaincus par leur misère, l'orgueil débandé, criant grâce au destin et réellement humains, combien ils seraient plus sympathiques et plus grands !

Je n'ai aucune envie, je le jure, de les exterminer, de les tourmenter ou seulement de les humilier. Mais je suis bien forcé de le constater : eux et nous, on ne s'entendra jamais. Ce qui est impossible maintenant, c'est que nous croyions, pendant cent ans, à leur intégration dans notre substance, pour les voir tout à coup se dissocier de nous et mettre joyeusement le feu autour d'eux.

Le corps étranger.

Il ne sert à rien de se dissimuler les vérités les plus évidentes.

Le judaïsme est logé, depuis deux mille ans, comme un corps étranger dans l'organisme européen. Il y est très mal toléré.

Pendant tout le moyen âge, le ghetto, comme une gaine, a enveloppé ce corps étranger et l'a rendu inoffensif. Mais cette pellicule protectrice a disparu en 1792. Nous espérions — et les juifs, à cette époque, l'espéraient peut-être aussi — que le judaïsme se résorberait dans l'organisme européen. Il n'en a rien été. Les juifs se révèlent inassimilables. Tous leurs efforts tendent au contraire à assimiler les Européens à eux. Il faut bien reconnaître que les Européens en partie, et pour un moment, répondent à cette attraction contre nature. Puis ils regimbent. Cette répugnance, cette révolte contre le judaïsme constitue précisément l'état pathologique que la présence du corps étranger détermine dans notre organisme. Il y a infection, température, suppuration...

---

21. — X.X.X., *Est-ce que je deviens antisémite ?* Edt. 2020, p. 111-113.

Je n'en veux pas plus aux Juifs que je n'en veux à l'écharde qui m'a procuré un phlegmon. Mais je cherche à me guérir, et c'est bien naturel. Comment peut-on y parvenir ?

Premier système : Élimination.

Éliminer l'élément juif, c'est la solution radicale à laquelle a eu recours Adolphe Hitler. Si quelqu'un a ressenti la situation cruelle des Juifs allemands, c'est bien moi. Mais m'apitoyer ne m'oblige pas à sacrifier ma santé.

Je constate le conflit.

Les Juifs ont été les maîtres de l'Allemagne de Weimar. Ils y ont introduit un esprit démocratique qui ne s'accorde guère avec le tempérament germanique. Après s'être laissés entraîner, les Allemands se sont repris. Ils trouvent le judaïsme d'autant plus dangereux qu'ils ont subi un moment sa séduction. Ils sont chez eux et ils sont les plus forts.

Ceci étant posé comme matière de fait, on comprend que l'attitude des Allemands à l'égard des juifs n'ait pu être que ce qu'elle est. Qu'on y songe. Ils étaient 600.000 juifs en Allemagne, c'est-à-dire 600.000 ennemis dont la haine atteignait au paroxysme. Comme les Allemands ont pris en Europe une position de force qui les exposait à toute heure à une guerre inexorable, pouvaient-ils conserver derrière eux ces 600.000 ennemis exaspérés, prêts à leur tirer dans le dos ? C'était moralement et matériellement impossible. — Des camps de concentration, direz-vous. — Imaginez ce qu'il en aurait fallu construire et les forces qu'il aurait fallu pour les garder. Hitler a compris que, dans cette occurrence, la seule solution vraiment décisive était l'exode des Juifs et que le seul moyen de les obliger à sortir du pays était de leur rendre la vie intenable. Je ne crois pas qu'il y ait de moyen moins pénible d'arriver à cette fin. J'avoue qu'il n'est pas gai. Mais il m'est difficile de ne pas me souvenir que les juifs ont mené l'Allemagne comme Léon Blum a mené la France.

Mais je ne puis m'empêcher de penser aux deux millions de bourgeois — sur un total de cinq millions de victimes — que les Juifs ont volontairement et sciemment fait crever de misère en Russie, sans leur laisser la liberté de s'expatrier. Les Juifs allemands, du moins, peuvent s'en aller.

Qu'on les ait poussés à partir, soit ! Mais on a gardé leurs biens. Cela paraît injustifiable. — Et pourtant... D'abord, sortir en bloc la fortune juive d'Allemagne est chose pratiquement irréalisable. On sait, depuis la guerre de 1914-1918, que les gros transferts de capitaux, quand ils sont possibles, ils ne le sont guère, — s'accompagnent de troubles économiques, aussi graves chez ceux qui reçoivent ces capitaux que chez ceux qui les apportent. Il faut qu'une telle opération soit diluée dans le temps. — Il resterait à savoir encore dans quelle mesure les fortunes individuelles ne sont pas aussi un peu la propriété de la collectivité. Les Juifs ont peut-être fourni l'ingéniosité et l'activité qui sont à la source de toute prospérité, mais les Allemands ont fourni l'ambiance qui, elle aussi, est une condition *sine qua non* de tout enrichissement.

Le même homme industrieux qui a fait fortune à Berlin, n'aurait pu, à égalité de capacités et d'efforts, que subsister, et bien maigrement, parmi les Touareg du Sahara.

Ajoutez que les Allemands tiennent toutes les fortunes juives pour déshonnêtement acquises et ne croient exercer sur elles qu'un droit de reprise. Ne nous hâtons donc pas de juger les Allemands. Ils ont apporté à résoudre le problème une décision hardie qui est bien dans leur manière. Les juifs invoquent le droit de vivre. C'est exactement celui sur lequel se fondent les Allemands.

D'ailleurs, en retenant la fortune juive chez eux, ils rendaient service au reste du monde et à notre pays en particulier. Cette fortune devait, une fois sortie d'Allemagne, si cette sortie était possible, être immédiatement tournée contre le régime hitlérien ? Elle devait s'employer à lui soudoyer des ennemis et à tenter de le détruire, par tous les moyens, y compris la guerre. Et, cette guerre, avec quel autre sang que le nôtre pouvait-on la faire ?

C'est une remarque qui s'impose une fois de plus. Les juifs, par la position qu'ils ont prise parmi les Européens, sont fatalement conduits à être des fabricateurs de guerres. Après avoir voulu la guerre verticale entre classes et condamné la guerre horizontale entre nations, ils sont amenés, pour leur défense, à lancer les uns contre les autres les peuples auxquels ils apportent leur nouvel évangile la paix, le pain, la liberté...

Ce système, le système hitlérien, comporte en tout cas un gros inconvénient, car, en réalité, il n'expulse pas le corps étranger. Il ne fait que le déplacer à l'intérieur de la substance européenne. Le judaïsme ne cesse d'enflammer certains tissus que pour en enflammer d'autres. Aussi aucune nation n'a-t-elle montré beaucoup d'enthousiasme pour accueillir cet article d'exportation. On a vu, par les journaux, quel asile parcimonieux les peuples offraient aux réfugiés juifs. Une abstention particulièrement remarquable fut, à coup sûr, celle de l'U. R. S. S. Et plus remarquable encore qu'aucun Juif n'ait manifesté publiquement le désir d'y trouver un abri. Ils nous avaient pourtant rabattu les oreilles, depuis vingt ans, des splendeurs du régime soviétique et des délices de ce canton privilégié de notre triste globe.

La vérité complète, c'est que la question juive est pas une question nationale. C'est une question mondiale. Elle n'est soluble que comme telle.

Deuxième système : Ghetto.

C'est le retour aux méthodes du moyen âge, la reconstitution de la gaine protectrice autour du corps étranger. On peut élever une barrière matérielle et morale aux échanges de toute nature entre le juif et le citoyen autochtone, organiser l'isolement d'Israël au milieu de ses semblables, séparer une nation dans la nation, une ville dans la ville.

Provocante ou hypocrite, c'est toujours la rouelle jaune.

Cette méthode a fait ses preuves. Juifs et chrétiens ont pu vivre pendant seize cents ans, côte à côte, avec des surfaces de contact très réduites et sans que les uns aient subi sensiblement l'influence des autres.

Mais ce système me paraît, de tous, le plus intolérable, le plus avilissant, le plus inhumain. Cette quarantaine dégradante, interminable, qui prend l'homme au berceau et le conduit à la tombe, pas un moment, je ne songerais, moi, non-Juif, à l'appliquer aux juifs. Pas plus que, Juif, je n'envisagerais un moment la possibilité de l'accepter. En esquissant un simulacre de cette méthode, Hitler n'a certainement visé qu'un but : faire fuir les juifs hors d'Allemagne.

Je ne suis pas si sûr cependant que tous les juifs auraient, de ce système, la même horreur que moi. Peut-être ne suis-je pas assez orgueilleux pour me résoudre à une telle disgrâce...

Troisième système Sionisme.

Les juifs ont les premiers songé à recouvrer leur souveraineté nationale, sur un territoire bien à eux, quelque part dans le monde, et de préférence en Palestine.

A cette solution élégante, je me rallie avec empressement. Je souhaite, comme les Sionistes, la renaissance d'une patrie juive indépendante, et je demande, ce qu'ils ne font pas, que tous les Juifs y soient juridiquement rattachés. Je n'exige pas cependant que tous les Juifs soient condamnés à y vivre. J'admets qu'ils puissent habiter ailleurs et même, si paradoxal que cela paraisse, dans les pays où, comme en France actuellement, ils sont gravement nocifs.

Ce qui importe, en effet, à notre pays, c'est qu'un Léon Blum, un Zay, un Zyromski, un Moch... ne puissent plus être ni fonctionnaires, ni journalistes, ni députés, ni sous-secrétaires d'État, ni Présidents du Conseil... Ce qui importe, c'est qu'un Juif indiscret puisse être reconduit à la frontière à la première incartade.

Réduits à la situation de tant de Suisses, d'Italiens qui vivent chez les autres peuples, ils auraient certainement moins d'audace. Je sais bien que, même exclus de notre vie politique, ils seraient plus dangereux que des Suisses ou des Italiens, parce que leurs façons de sentir sont plus loin des nôtres et qu'ils ont la passion de l'apostolat. Mais il serait possible de se garder d'eux plus efficacement qu'on ne le fait maintenant.

Quant au mal déjà fait, il faudrait bien le subir. Rien ne peut faire que le marxisme ne soit lancé dans le monde et qu'il ne fasse encore beaucoup de mal avant que l'expérience ne le ruine définitivement. Les mesures que je souhaite ne sont pas des mesures de châtiment pour des erreurs passées, mais seulement des mesures de prévoyance contre des erreurs futures.

Bien entendu, cette solution est subordonnée à l'existence d'un État juif... et cet État n'existe pas.

Les Sionistes ont espéré un moment qu'il allait naître en Palestine, où la Grande-Bretagne leur avait accordé une protection prometteuse. Mais l'Angleterre, qui ne fait souvent les choses qu'à demi, n'a pas même été généreuse du bien des Turcs, et la création d'un État juif autonome est indéfiniment retardée. Assez retardée pour que les Arabes aient eu le temps de se croire menacés et de réagir insurrectionnellement. L'Angleterre n'a rien voulu imposer aux Arabes parce que sa politique était de ménager l'Islam. Il est à souhaiter, pour les juifs eux-mêmes, qu'elle ne préside plus à leurs destinées après la présente guerre. Peut-être seront-ce ces fascistes, qu'ils tiennent pour leurs plus farouches ennemis, qui les rétabliront, quelque jour, quelque part, dans leur dignité nationale, sur un territoire arraché aux Britanniques. Sans doute n'apprécieront-ils pas ce présent à son prix. Du moins, l'Europe sera-t-elle guérie d'Israël.

En tout cas, en ce qui me concerne, si j'étais juif, j'aurais, depuis longtemps et bien avant cette guerre, décidé de la conduite à tenir.

Si j'étais Juif, — façon de parler qui comporte une hypothèse fantaisiste, à savoir que je sois à la fois et moi-même et un autre, — je sais bien comment j'aurais raisonné.

Aux Européens hostiles j'aurais dit :

— Vous m'aviez reçu à votre foyer. Je pensais faire partie de votre substance nationale. Mais cette conviction est sans valeur, si elle est unilatérale. Or voici que ma nature, paraît-il, est incompatible avec la vôtre. Vous dénoncez notre alliance. Quelle soit donc dénouée. Je n'en suis pas déshonoré. Ce qui porterait dommage à ma dignité, ce serait de tâcher de m'imposer à vous, en dépit de votre suspicion, d'autant plus mortifiante qu'elle est sans cause. Ma fierté veut que je me rende indépendant de vos prétendus bienfaits, si je dois les payer de l'ombre d'une mésestime. Si nous devons, par nécessité, continuer de vivre ensemble, je demande, j'exige un *modus vivendi* qui désarme jusqu'aux prétextes de votre animosité. Puisque vous jugez que je suis un étranger, je veux être traité comme tel et tout et suite…

En disant cela, je me serais mordu les lèvres, j'aurais serré les poings et juré de changer ma situation dans le monde. Je préférerais la mort de ma race à cette interminable pérégrination chez autrui, à cette affreuse duplication qui me fait citoyen de deux peuples qui ne se comprennent pas et qui m'écartèle entre les devoirs inconciliables. Je voudrais l'appartenance exclusive à Jérusalem. J'en aurais assez de me sentir tirer la barbe un peu partout avec mépris et colère, et je ne trouverais pas, je vous le jure, dans les sévices subis, de quoi me donner confiance en mon génie. Ah ! non !

— N'oubliez pas que c'est un Européen qui parle ici sous le masque du Juif. Un vrai Juif, naturellement, croira d'autant plus à sa supériorité qu'on lui arrachera plus de poils au menton. —

J'aurais supputé qu'il existe seize millions de juifs comme moi par le monde, que seize millions d'hommes peuvent fournir deux millions de soldats, à plus forte raison deux ou trois cent mille… Ces Juifs ont l'argent, c'est-à-dire des armes, des avions, des paquebots… ce qu'il faut pour faire la guerre. Je gage que d'autres Juifs m'auraient compris et qu'un beau jour nous aurions débarqué sur la tête de pont que nous avons en Palestine, prêts à conquérir cette terre ou à y laisser notre peau.

Il ne serait pas besoin de vastes territoires, car il ne serait pas nécessaire de loger tous les juifs du monde entre le Jourdain et la mer. Ce que je voudrais, c'est une patrie territoriale dont je puisse me réclamer, un refuge pour les cas trop mauvais, la possibilité de dire *civis sum*, en parlant d'un « chez moi » qui serait quelque part dans l'espace, la joie de me sentir régal de tous les citoyens du pays où je me trouverais, étranger mais égal, et égal parce qu'étranger.

Ainsi, quelques milliers de kilomètres carrés de terres rendues à Israël, voilà le problème de la dignité résolu, et c'est quelque chose...

Mais cela ne sera pas.

Non pas que ce plan soit chimérique. Il ne faudrait pas interroger longtemps l'histoire pour découvrir des entreprises de ce genre qui réussissent. Mais cela ne sera pas, parce que jamais les Juifs ne seront d'humeur à tenter une semblable aventure. Beaucoup croient qu'il est dans le plan divin que leur destinée s'accomplisse chez les autres peuples. D'autres veulent bien peupler Jérusalem, la recevoir peut-être des mains d'autrui, mais non la conquérir de vive force. Ces exploits ne sont pas les produits de leur nuageux idéalisme.

Alors, tout est dit. Qu'ils reprennent leur bâton. L'organisme européen les éliminera fatalement.

Lamentable destinée ! Comme elle me pèserait ! Comme elle semble légère, — comparativement légère, — à la plupart des Juifs, préadaptés à la déchéance par cent générations d'abaissement et, ce qui est mieux, habiles à faire tourner leur avilissement à leur glorification

FIN

Table des matières

LETTRE À UN JUIF (*en guise de préface*) 5
    I. — LE JUIF EST UN IDÉALISTE 7
    II. — LES JUIFS ET LA NATURE 13
    III. — LES JUIFS ET L'ORDRE 27
    IV. — LES JUIFS ET LA JUSTICE 35
    V. — LE JUIF EST RÉVOLUTIONNAIRE 49
    VI. — L'ACTION JUIVE DANS LE MONDE CONTEMPORAIN 61
    VII. — LE PROBLÈME ET SA SOLUTION 73

Lisez aussi du même auteur

ÉDITION ORIGINALE
NON CENSURÉE
Documents authentiques

———◇———

— Y a-t-il une race juive ? —
Les juifs. L'esprit juif. Manifestations sociales de l'esprit juif. L'action sociale juive. Les causes de l'antisémitisme. Réponses et répliques. Limite et réalité du péril juif. Conclusion.

———◇———

Le premier lecteur de ce livre fut un éditeur. Il l'a trouvé trop anodin pour le publier.

Si j'avais abordé cette étude avec le préjugé de la haine et uniquement pour le satisfaire, on trouverait dans ces pages, assurément, beaucoup d'accusations sans fondement et d'invectives passionnées. Ce travail se serait confondu avec les pamphlets trop nombreux qu'on vend aux carrefours et qui discréditent leurs thèses par l'exagération de leurs griefs et le ton de leurs querelles.

Je ne sais si je me trompe, mais ce sont ces pamphlets qui me paraissent anodins.

Je voudrais seulement refroidir l'ardeur révolutionnaire des Juifs qui, depuis le commencement de ce siècle, allument aux quatre coins du monde des foyers de désordre et de discorde. Je voudrais ramener à une plus saine considération des réalités les intellectuels idéalistes qui agitent Israël et retournent notre civilisation sur elle-même, comme une terre qu'on bêche.

Pour cela, il faut avant tout qu'ils sachent que leur action est aperçue et jugée. Je remplis ici ce rôle admonitoire.

Broché : 148 pages
ISBN-13 : 978-1660269167
Amazon Prix : 27 €

RETROUVEZ TOUTES NOS PUBLICATIONS

SUR LES SITES

- vivaeuropa.info
- the-savoisien.com
- pdfarchive.info
- freepdf.info
- aryanalibris.com
- aldebaranvideo.tv
- histoireebook.com
- balderexlibris.com

www.ingramcontent.com/pod-product-compliance
Lightning Source LLC
LaVergne TN
LVHW041537060526
838200LV00037B/1029